A vontade de Deus

Quaestiones disputatae De Veritate

Questão 23

O livro é a porta que se abre para a realização do homem.

Jair Lot Vieira

TOMÁS DE AQUINO

A VONTADE DE DEUS

QUAESTIONES DISPUTATAE DE VERITATE

QUESTÃO 23

TRADUÇÃO, EDIÇÃO E NOTAS

PAULO FAITANIN
Doutor em Filosofia Medieval pela Universidad de Navarra (Espanha)
Professor Associado III e Professor do Programa de Pós-Graduação
em Filosofia da Universidade Federal Fluminense – UFF
Pesquisador do Gabinete de Estudos Medievais
da Universidade do Porto (Portugal)

BERNARDO VEIGA
Doutor em Filosofia pela Universidade Federal do Rio de Janeiro – UFRJ
Realizou o pós-doutorado em Filosofia pela UFRJ e em
Direito pela Universidade Católica de Petrópolis
Coordenador dos projetos: "Questões disputadas" e "Tomás, comentador"

Copyright da tradução e desta edição © 2015 by Edipro Edições Profissionais Ltda.
Todos os direitos reservados. Nenhuma parte deste livro poderá ser reproduzida ou transmitida de qualquer forma ou por quaisquer meios, eletrônicos ou mecânicos, incluindo fotocópia, gravação ou qualquer sistema de armazenamento e recuperação de informações, sem permissão por escrito do editor.

Logo do Instituto Aquinate: Wood engraving by Reynolds Stone, in Saint Thomas Aquinas, Selected writings, New York: The heritage Press, 1971, p. 1.

Grafia conforme o novo Acordo Ortográfico da Língua Portuguesa.

Instituto Aquinate

1ª edição, 1ª reimpressão 2021.

Editores: Jair Lot Vieira e Maíra Lot Vieira Micales
Coordenação editorial: Fernanda Godoy Tarcinalli
Coordenador do Projeto "Questões disputadas": Bernardo Veiga
Tradução, edição e notas: Paulo Faitanin e Bernardo Veiga
Editoração: Alexandre Rudyard Benevides
Revisão: Beatriz Rodrigues de Lima
Diagramação e Arte: Karine Moreto Massoca

Dados Internacionais de Catalogação na Publicação (CIP)
(Câmara Brasileira do Livro, SP, Brasil)

Tomás de Aquino, 1225-1274.

    A vontade de Deus: quaestiones disputatae de veritate: questão 23 / Tomás de Aquino; tradução, edição e notas Paulo Faitanin e Bernardo Veiga. – São Paulo: Edipro, 2015.

    Título original: Quaestiones disputatae de veritate : quaestio 23 : de voluntate Dei.

    ISBN 978-85-7283-940-2

    1. Filosofia – Obras anteriores a 1800 2. Teologia – Obras anteriores a 1800 I. Faitanin, Paulo. II. Veiga, Bernardo. III. Título.

15-05083   CDD-189.4

Índice para catálogo sistemático:
1. Tomás de Aquino : Filosofia medieval : 189.4

São Paulo: (11) 3107-7050 • Bauru: (14) 3234-4121
www.edipro.com.br • edipro@edipro.com.br
@editoraedipro   @editoraedipro

Sumário

Apresentação	9
Introdução	17
Questão 23 A VONTADE DE DEUS	31
Proêmio	33
Artigo 1 E, primeiro, pergunta-se se compete a Deus ter vontade	37
Artigo 2 Segundo, pergunta-se se a vontade divina pode ser distinta por antecedente e consequente	51

Artigo 3 — 61
Terceiro, pergunta-se
se a vontade divina se divide convenientemente
por vontade de beneplácito e vontade de sinal

Artigo 4 — 71
Quarto, pergunta-se
se Deus quer por necessidade
qualquer coisa que quer

Artigo 5 — 85
Quinto, pergunta-se
se a vontade divina impõe
necessidade às coisas queridas

Artigo 6 — 93
Sexto, pergunta-se
se a justiça nas coisas criadas
depende apenas da vontade divina

Artigo 7 — 101
Sétimo, pergunta-se
se somos obrigados a conformar
nossa vontade com a vontade divina

Artigo 8 — 115
Oitavo, pergunta-se
se somos obrigados a conformar nossa vontade
com a vontade divina no querido,
a saber, de modo que sejamos obrigados a querer
aquilo que sabemos que Deus quer

Apresentação

TOMÁS DE AQUINO [1225-1274], filósofo e teólogo dominicano, escreveu diversas obras e, entre as mais importantes, contamos as famosas *Questões Disputadas*, fruto de uma metodologia original e própria da atividade acadêmica da universidade medieval. Delas derivam as mais célebres contribuições do Tomismo para a Filosofia e a Teologia. Neste método medieval, Tomás inicia com uma pergunta [questão] e a desenvolve em artigos. Cada questão disputada pode conter diversos artigos. Cada artigo considera uma parte da questão mediante uma pergunta, estando composto de argumentos pró e contra e uma conclusão, na qual aparece a resposta do autor à pergunta elaborada na forma de artigo, que, por sua vez, compõe a questão.

Em cada artigo Tomás procede da seguinte maneira: ante a pergunta proposta em um artigo da questão, ele a afirma ou nega, expondo em contrário diversos argumentos. Em seguida, toma um ou mais argumentos fortes, que são contrários àqueles diversos raciocínios que se seguiram à pergunta inicial. Então, logo após esses argumentos, ele inicia uma resposta, em conformidade com o que pretende demonstrar, escrevendo no corpo do artigo uma conclusão, que é simultaneamente resposta à pergunta feita inicialmente, e termina esclarecendo as dificuldades ou contradições dos primeiros argumentos expostos.

O *Instituto Aquinate*, em parceria com a *Edipro*, continua a empreitada de publicar uma série de textos inéditos, editados em vernáculo, em edição simples, acessível, com breve introdução descritiva e notas à tradução, com o intuito de pouco ou quase nada interferir na obra, deixando o leitor com o mínimo necessário para ele mesmo ir diretamente ao texto de Tomás. A intenção é divulgar não só entre o público acadêmico, mas entre os diversos admiradores do tomismo, as principais ideias do autor contidas nas referidas *Questões Disputadas*. Neste espírito nasce o projeto *Questões Disputadas*. Este projeto é coordenado por Bernardo Veiga (Instituto Aquinate), doutorando em Filosofia pela UFRJ (bolsista Capes). Este livro é uma edição e tradução do Prof. Dr. Paulo Faitanin (UFF) e Bernardo Veiga.

Este projeto não seria possível sem a cooperação do Prof. Dr. Enrique Alarcón (Universidad de Navarra/Espanha), presidente da *Fundación Tomás de Aquino*, detentora dos direitos de cópia dos textos latinos e mantenedora do *Corpus Thomisticum* [www.corpusthomisticum.org]. O estimado professor Alarcón há muito colabora com a Revista Aquinate [www.aquinate.net] e a ele agradecemos por conceder-nos a permissão para pesquisar e utilizar como base para as traduções a edição latina dos textos contidos no *Corpus*. O texto vertido para o vernáculo também foi cotejado com outras versões, por sinal todas muito úteis para considerar as soluções propostas para certas passagens de difícil compreensão e tradução. Para a configuração das notas de rodapé tivemos em conta, quando se fez necessário, o aparato bibliográfico das referidas edições latinas do texto e das versões que consultamos.

Apresentamos a tradução inédita em português da questão 23 das *Quaestiones disputatae De Veritate*, *A vontade de Deus*, composta de oito artigos. Esta obra é autêntica[1] e data dos três anos do primeiro período de ensino magistral de Tomás em Paris, 1256-1259.[2] Nesta obra, Tomás investiga a natureza da vontade divina e se ela pode ser classificada. Mostra também se há necessidade no querer divino, e de que modo nós somos ou não obrigados a nos conformar com a vontade divina.

Fontes e repertórios bibliográficos

Outras traduções

Foram consultadas as seguintes versões: TOMÁS DE AQUINO, *De veritate, Cuestión 23. Sobre la volunlad de Dios*. Introducción, traducción y notas de María Socorro Fernández García. Pamplona: Cuadernos de Anuario Filosófico 131, 2001; SAN TOMMASO D'AQUINO, *Le Questioni Disputate*. Testo latino di S. Tommaso e traduzione italiana. Volume Terzo. La Verità. (De Veritate). Questioni 21-29. Bologna: ESD, 1993; SAINT THOMAS D'AQUIN, *De Veritate. Les vingt-neuf questions disputées sur la vérité* (1256-1259). Philosophie et Théologie. Traduction par le frère André Aniorté, O.S.B., moine de l'Abbaye sainte Madeleine du Barroux, 2005-2008. Version Bilingue Latin/Français. Deuxième édition numérique août 2012 [http://docteurangelique.free.fr]; THOMAS AQUINAS, *Truth. Questiones Disputatae De Veritate*. Questions 21-29 Translated by Robert W. Schmidt, S.J. Chicago: Henry Ragnery Company, 1954. Edição em HTML por Joseph Kenny O.P. [http://dhspriory.org/thomas/QDdeVer.htm]. Com relação às referências bíblicas da vulgata latina encontradas no corpo do

---

1. MANDONNET, P. O.P. *Des écrits authentiques de S. Thomas d'Aquin*. Seconde édition revue et corrigée. Fribourg (Suisse): Imprimerie de l'oeuvre de Saint-Paul, 1910, p. 30 e 106; GRABMANN, M. *Die Werke des hl. Thomas von Aquin*. Münster Westf.: Aschendorffsche Verlagsbuchhandlung, 1949, p. 307.
2. TORRELL, J.-P. O.P. *Iniciação a Santo Tomás de Aquino. Sua pessoa e obra*. Tradução Luiz Paulo Rouanet. São Paulo: Edições Loyola, 1999, p. 71-7; 389-90.

texto, valemo-nos da *Bíblia de Jerusalém* [Paulus: 2002] para indicá-las, trazendo à luz possíveis esclarecimentos, quando assim forem exigidos.

Notas

Buscou-se, também, sempre que possível, confrontar os textos dos Padres da Igreja citados por Tomás e encontrados nas Patrologias grega e latina. Para este fim, de um modo geral, tivemos em conta os textos da Patrologia Latina (PL) e (PG) da edição de Migne, disponíveis no site http://www.documentacatholicaomnia.eu/25_Migne.html. Para buscar as referências mais detalhadas das obras de Santo Agostinho, consultamos a excelente ferramenta de busca encontrada no site http://www.augustinus.it/latino/index.htm/. Ainda assim, quando necessário, pesquisamos a seguinte edição de obras gregas e latinas de diversos autores [http://www.perseus.tufts.edu/hopper/]. Para as obras de Aristóteles e Averróis foram consultadas as seguintes edições: *Aristotelis Opera* [Ed. Immanuel Bekker. Berlim: Walter de Gruyter & Sócios, 1960; AVERROES CORDUBENSIS, *In Aristotelis Opera cum Averrois Cordubensis in eosdem commentariis*. Venetiis: Apud Junctas, 1562-1574 [reimp. Frankfurt, 1962]. Estas e outras obras, como as de Avicena, de Porfírio e de Boécio foram consultadas em suas edições mais clássicas no seguinte site [http://capricorn.bc.edu/siepm/books.html]. Com relação aos outros autores islâmicos e judeus, citaremos as edições mais usuais. Para as referências de outras obras de Tomás de Aquino, que incluímos em nossa tradução, para uma melhor fundamentação das ideias expostas no corpo do artigo, usamos as seguintes edições impressas das obras de Tomás de Aquino: TOMÁS DE AQUINO, *Suma Teológica*. Coordenação geral da tradução de Carlos-Josaphat Pinto de Oliveira, O.P. v. I-IX. São Paulo: Edições Loyola, 2001-2006; TOMÁS DE AQUINO, *Suma*

Contra os Gentios. Tradução de Dom Odilão Moura, O.S.B. v. I-II. Porto Alegre: Edipucrs/Est, 1990-1996; SANCTI THOMAE DE AQUINO, *Opera omnia iussu Leonis XIII P.M. edita, t. 22 3/1. Quaestiones Disputatae de veritate*. Roma: Ad Sanctae Sabinae/Editori di San Tommaso, 1972; SANCTI THOMAE AQUINATIS, *In decem libros Ethicorum Aristotelis ad Nicomachum expositio*. Editio tertia. Cura et studio P. Fr. Raymundi M. Spiazzi, O.P. Taurini: Marietti, 1964; SANCTI THOMAE AQUINATIS, *Opera Omnia*. Iussu impensaque Leonis XIII. Tomus 3: *Commentaria in Libros Aristotelis De Caelo et Mundo*. Romae: Ex Typographia Polyglotta, 1886; SANCTI THOMAE AQUINATIS, *Opera Omnia*. Iussu impensaque Leonis XIII. Tomus 48 A: *Sententia libri Politicorum*. Romae: Ad Sanctae Sabinae, 1971; SANCTI THOMAE AQUINATIS, *Opera Omnia*. Tomus 6: *Commentum in quatuor libros Sententiarum*. Parmae: Typis Petri Fiaccadori, 1856; SANCTI THOMAE AQUINATIS, *In octo libros Physicorum Aristotelis expositio*. Cura et studio P. M. Maggiòlo, O.P. Taurini: Marietti, 1965; SANCTI THOMAE AQUINATIS, *In Metaphysicam Aristotelis commentaria*. Cura et studio P. Fr. M.-R. Cathala. Taurini: Marietti, 1915; SANCTI THOMAE AQUINATIS, *In Aristotelis librum De anima commentarium*. Editio tertia. Cura et studio P. F. A. M. Pirotta. Taurini: Marietti, 1948; SANCTI THOMAE AQUINATIS, *In librum Beati Dionysii De divinis nominibus expositio*. Cura et studio C. Pera, P. Caramello, C. Mazzantini. Taurini-Romae: Marietti, 1950.

Rodolfo Petrônio
Presidente do Instituto Aquinate

Introdução

Nossa intenção é brevemente expor e analisar a contribuição de Tomás de Aquino [1225-1274] sobre a questão *A vontade de Deus* tratada em sua obra *De veritate*,[1] questão 23, estruturada em 8 artigos, como introdução à edição monolíngue que é aqui publicada. Com este estudo pretendemos auxiliar o leitor, primeiro, mostrando algumas noções básicas da visão de Tomás sobre a definição, natureza, e operações da vontade divina; segundo, explicando o método das *Questões Disputadas* e, por fim, expondo resumidamente cada artigo da questão.

1. A vontade divina

Para entender o que é a *vontade* divina para Tomás, é preciso esclarecer o conceito de "apetite", na medida em que esse concei-

---

1. Sobre a data da sua composição e acerca do seu conteúdo doutrinal, assim se expressou Torrell: "As *Questões Disputadas De veritate* datam dos três anos do primeiro período de ensino magistral de Tomás em Paris, de 1256 a 1259... Podemos aí perceber dois grandes blocos: a verdade e o conhecimento (qq. 1-20), o bem e o apetite pelo bem (qq. 21-29)", p. 389-90. Cfr. TORRELL, J.-P. O.P. *Iniciação a Santo Tomás de Aquino. Sua pessoa e sua obra*. Tradução Luiz Paulo Rouanet. São Paulo: Edições Loyola, 1999.

to entra na definição de *vontade humana*, mas não na de *vontade divina*, o que, se não for bem definido, causaria o equívoco de compreender a vontade de Deus como um *apetite* semelhante ao racional, o que não procede, porque em Deus a vontade não é um apetite,[2] enquanto isso indica uma potência na definição de vontade humana.

Por *apetite* entende-se, em seu sentido amplo, a potência de um sujeito que se inclina para algum objeto que é a razão de bem e fim para o próprio sujeito. Deve-se saber que há três tipos de apetite: *natural*, *sensitivo* e *racional*. Nenhum deles entra na definição de vontade considerada como atributo de Deus. Vejamos, então, os tipos de apetite, segundo o pensamento tomasiano.

O *apetite natural* é a inclinação da coisa para o seu fim natural, estabelecido pelo próprio autor desta natureza,[3] que ocorre tanto na natureza mineral, vegetal e animal, incluindo o racional. A pedra, por exemplo, tem inerente à sua natureza corpórea um princípio, a gravidade, que a faz se inclinar para o que lhe é natural, de modo que se for lançada em movimento contrário a este princípio, a saber, para cima, ela retornará ao movimento que lhe inclina tal princípio, ou seja, para baixo.

O *apetite sensitivo* é próprio da natureza animada que possui sentidos, cuja inclinação é regida pelo princípio natural de apetecer o sensível apreendido por cada órgão dos sentidos. O lobo, por exemplo, ao sentir o cheiro da ovelha, inclina sua visão para vê-la e aguça todas as demais potências sensitivas para alcançar o que apetece com o uso dos sentidos.

O *apetite racional*, próprio só do homem, é uma inclinação que procede do conhecimento racional e produz um apetite superior[4] na alma, denominado *potência apetitiva racional*, denominada *vontade*, que se inclina para o bem da sua natureza. Por

---

2. TOMÁS DE AQUINO, *De veritate*, a. 1, ad 8.
3. TOMÁS DE AQUINO, *In III Sent.* d. 27, q. 1, a. 2, resp.
4. TOMÁS DE AQUINO, *Sum. Theo.* I, q. 82, a. 3, resp.

ser livre,[5] ela escolhe ou não o que lhe propõe como bem a razão, as paixões, os sentidos e os objetos nas múltiplas circunstâncias que envolvem as ações humanas.

O termo *vontade* significa, então, justamente esse "apetite racional", enquanto é uma inclinação daquele que deseja alguma coisa.[6] Trata-se de um apetite nobre da alma racional, porque, além de natural e espiritual, é autônoma, podendo inclinar-se ou não para algo e, mesmo inclinando-se, pode possuí-lo ou não. Disso se segue que o *livre-arbítrio* é atributo intrínseco dessa potência apetitiva racional, que é um princípio inerente à alma humana, criada à imagem e semelhança da Vontade divina.

Por isso, Tomás ao se referir à vontade do homem diz: "quanto mais alguma natureza está mais próxima de Deus, tanto menos está inclinada a outro, e tem mais por natureza o poder de inclinar-se a si mesma".[7] Por conseguinte, a vontade diz-se do homem, enquanto criada à imagem e semelhança de Deus, porém diz-se primeira e propriamente de Deus.

Contudo, em Deus, a vontade não é um apetite, porque não é uma inclinação, pois, enquanto tal, a inclinação é uma *potência* que implica movimento e imperfeição, como brevemente dissemos nos parágrafos anteriores. Não obstante, essa noção de inclinação convém adequadamente às criaturas, mas não a Deus, ato puro, motor imóvel e perfeito, razão pela qual nada falta a Deus que Lhe faça se inclinar para fora de si, para buscar possuir o que não tem.

Desse modo, Tomás afirma que em Deus se encontram, de modo perfeito, as condições para a afirmação da vontade, pois n'Ele não há distância entre a vontade e o sujeito, porque sua essência é sua vontade e nem há distância entre a vontade e o ato, porque seu ato é sua essência, nem há distância entre a vontade e o fim, ou, o objeto, porque sua vontade é sua bondade. Por isso,

---

5. TOMÁS DE AQUINO, *Sum. Theo.* I, q. 83, a. 4, resp.
6. TOMÁS DE AQUINO, *Sum. Theo.* I-II, q. 8, a. 1, resp.
7. TOMÁS DE AQUINO, *De veritate*, q. 22, a. 4, resp.

em Deus, a vontade é perfeitíssima.[8] E porque a vontade divina refere-se, sobretudo, ao bem da Sua natureza e, por consequência, à criatura que quis criar, podemos estabelecer algumas distinções relativas à vontade divina.

Denomina-se "vontade de beneplácito" o próprio bem-querer de Deus com relação a si mesmo e em relação àquilo que Ele quer para as criaturas. A vontade de beneplácito, por conseguinte, distingue-se em *antecedente* e *consequente*. Diz-se "vontade antecedente", porque significa *antes* o bem que Deus quer a si mesmo. Contudo, diz-se "vontade consequente", porque significa a consequência desse bem querido para as criaturas. Diz Tomás: "aquilo para o que Deus ordenou a criatura, enquanto existe em si, diz-se que é querido por Ele como primeira intenção, ou vontade antecedente. Mas, quando a criatura é impedida para esse fim por seu defeito, Deus põe nela a bondade da qual é capaz. E isso é como uma segunda intenção Sua, e se diz vontade consequente".[9] E porque as criaturas podem perceber os sinais da vontade antecedente posta como consequente na criatura, a razão humana atribui a Deus a "vontade de sinal".

Assim se expressa Tomás: "de fato, porque a vontade em nós tem certa paixão consequente na alma, por isso, assim como outros nomes das paixões se dizem metaforicamente de Deus, assim também o nome da vontade. No entanto, diz-se o nome 'ira' de Deus, porque n'Ele se encontra o efeito, que para nós costuma ser o da ira, a saber, a punição. Daí que a mesma punição, pela qual pune, nomeia-se 'ira' de Deus. E, por modo semelhante de falar, aquelas coisas que costumam ser sinais da vontade para nós são denominadas vontade de Deus. E, portanto, diz-se vontade de sinal, porque o próprio sinal que costuma ser da vontade é chamado vontade".[10]

---

8. TOMÁS DE AQUINO, *De veritate*, q. 23, a. 1, sed contra 3.
9. TOMÁS DE AQUINO, *De veritate*, q. 23, a. 2, resp.
10. TOMÁS DE AQUINO, *De veritate*, q. 23, a. 3, resp.

Contudo, há de esclarecer que, porque é sumamente livre a vontade divina, nada que é extrínseco impõe-Lhe necessidade,[11] razão pela qual Deus só quer por necessidade sua natureza e o seu próprio querer. Por isso, diz Tomás: "o que Deus quer em si mesmo quer por necessidade, mas o que quer relativo às criaturas não o quer por necessidade".[12] Disso se segue que a vontade divina não impõe necessidade às coisas queridas, como explica o próprio Tomás: "todas as coisas boas são feitas pela vontade de Deus. Logo, se a vontade divina impuser necessidade às coisas, todas as coisas boas que existirem no mundo existirão por necessidade. E, assim, eliminar-se-ia o livre-arbítrio e todas as outras causas contingentes".[13] Em suma, se impusesse necessidade, eliminar-se-ia o livre-arbítrio humano.

E isso se reflete na realização da justiça divina, pois a justiça nas coisas criadas não depende apenas da justiça divina, pois se segue da liberdade humana a responsabilidade, que inclui a cooperação com a justiça divina. Em outras palavras, Deus supre a natureza humana com princípios naturais e dons sobrenaturais para exercer livremente a justiça. Mas, se por algum defeito não for cumprida, mais do que a justiça, Deus dispõe da *misericórdia*, que decorre da ordem da sabedoria[14] diante da miséria humana de não lograr cumprir a justiça em relação às coisas humanas e divinas.

Entretanto, do anterior não se segue que o homem não deva conformar a sua vontade com a vontade divina. Para evidenciar isso, Tomás expressa que o homem como criatura de Deus tem por regra para a sua vontade a vontade divina. Por isso a conveniência de conformarem-se a vontade humana com a vontade divina. Por causa disso ele diz: "cada um deve se conformar à sua regra. Ora, a vontade divina é a regra de nossa vontade,

---

11. TOMÁS DE AQUINO, *De veritate*, q. 23, a. 4, sed contra 3.
12. TOMÁS DE AQUINO, *De veritate*, q. 23, a. 4, resp.
13. TOMÁS DE AQUINO, *De veritate*, q. 23, a. 5, sed contra 1.
14. TOMÁS DE AQUINO, *De veritate*, q. 23, a. 6, resp.

porque em Deus se encontra primeiro a retidão da vontade. Logo, a nossa vontade deve se conformar com a vontade divina".[15] E, por isso mesmo, segundo Tomás, o homem deve querer aquilo que ele sabe que Deus quer para o homem, razão pela qual: "estamos obrigados a conformar nossa vontade com o objeto divino querido".[16]

2. Breve explicação do método das *Questões Disputadas*

O que são as *Questões Disputadas*? Durante a Escolástica, sobremaneira nas universidades do século XIII, os professores, para o desempenho de suas atividades acadêmicas compunham, mediante exaustivas pesquisas, suas obras para serem lidas e analisadas em suas aulas, no exercício da docência. Para compô-las os professores utilizavam diferentes métodos: comentar, expor, reunir sentenças, fazer sumas etc., cada qual com uma finalidade própria, mas todas para atender as duas formas mais usuais de ensino: a *lectio*, que consistia na leitura e comentário de um texto, e a *disputatio*, que consistia na disputa de uma *quaestio*.[17]

Uma *quaestio* pode estar relacionada a muitas outras questões, derivadas dela. Este é o caso da questão sobre a Verdade, que leva consigo muitas outras questões relativas ao tema. Por esta razão, o tema sobre a verdade – *De veritate* – reúne sobre si muitas questões – *Quaestiones* – que ao longo da exposição do tema serão examinadas ou disputadas – *Disputatae* – com muitos argumentos que se possam aduzir *pro* (pró) e *contra*, seguidas de uma proposta de solução. Essa é a explicação para o nome desta obra: *Quaestiones Disputatae De veritate*, cuja questão 23, estruturada em oito artigos, reúne argumentos *pro* e *contra* e analisa a questão sobre a vontade de Deus.

---

15. TOMÁS DE AQUINO, *De veritate*, q. 23, a. 7, sed contra 2.
16. TOMÁS DE AQUINO, *De veritate*, q. 23, a. 8, sed contra 3.
17. ABBAGNANO, N. *História da Filosofia*. v. 3. Lisboa: Editorial Presença, 1999, p. 9.

Cada título de artigo da questão em jogo era proposto em forma de pergunta, por exemplo: *Compete a Deus ter vontade?* Seguia-se à pergunta uma proposta de resposta contrária ao que se queria demonstrar, ou seja, uma resposta do tipo: *Parece que não*. Propunha-se isso para dar lugar primeiro aos argumentos contrários à pergunta, e tais argumentos contrários eram denominados de objeções. Antes de se propor uma solução à pergunta feita, eram sugeridos alguns poucos argumentos contrários às objeções e a favor de uma resposta afirmativa à pergunta que intitula o artigo. Logo depois, propunha-se uma resposta, às vezes breve, outras vezes longa, que afirmava a pergunta. E, por fim, respondia-se a cada uma das objeções.

Os argumentos *pro* e *contra* que constituíam um artigo eram estruturados silogisticamente, a partir de um raciocínio aparentemente verdadeiro que era retirado da obra de alguma autoridade, fosse filosófica, teológica, ou mesmo da Bíblia. Em geral, eram silogismos compostos por três premissas: a maior, a menor e a conclusão. Em cada argumento, no geral, era citada a fonte, exceto se fosse de conhecimento comum. Mas, ainda assim, era comum citar a fonte mesmo se ela fosse bem conhecida.

3. Exposição resumida dos artigos da questão sobre a vontade de Deus

Compete a Deus ter vontade? Nesse primeiro artigo, os argumentos *contra* defendem basicamente dois princípios: a vontade implica *mudança* e *imperfeição*, pois querer isso e não aquilo supõe *escolha*, sinal de imperfeição e certo movimento. Por essa razão, conclui-se que não compete a Deus ter vontade. Na resposta aos argumentos, Tomás esclarece que como Deus está no último grau da imaterialidade, compete a Ele de modo sumo e muitíssimo próprio a razão de vontade, pois n'Ele a vontade não é movimento nem imperfeição, porque o objeto principal da Sua vontade é a Sua própria bondade, o que não implica mudança em si mesmo. E a imaterialidade da essência divina e a imutabilidade relativa ao querer Sua própria bondade não impedem Sua sabedoria em operar mediante Sua onipotência, ao criar seres à sua imagem e semelhança, cujas vontades sejam imateriais, ainda que impliquem movimento e imperfeição no ato da eleição, seja pela limitação da natureza ou da própria eleição do objeto querido.[18]

A vontade divina pode ser distinta por antecedente e consequente? Nesse segundo artigo, os argumentos *contra* defendem que não e pautam a argumentação no atributo da eternidade de Deus. Tomás responde que não contradiz a eternidade divina a distinção das vontades em antecedente e consequente, pois uma é relativa ao próprio Deus e a outra é relativa ao que Deus quer que, consequentemente, no tempo, as criaturas alcancem.[19]

A vontade divina se divide convenientemente por vontade de beneplácito e vontade de sinal? Neste terceiro artigo, os argumentos *contra* sustentam que não faz falta afirmar a vontade de sinal, pois a de beneplácito supre eficazmente a expressão do bem de Deus. Tomás responde que a vontade de beneplácito diz respeito ao bem-querer considerado na própria natureza divina, mas a vontade de sinal é o que a razão capta como sinal da vontade de beneplácito realizada nas criaturas e nas suas obras.[20]

Deus quer por necessidade qualquer coisa que quer? Neste quarto artigo, os argumentos *contra* sustentam, pautados novamente na eternidade divina, que qualquer coisa que Deus quer o quer desde a eternidade, por isso se realiza necessariamente. E concluem que Deus quer por necessidade qualquer coisa que quer. Tomás, porém, destaca que a vontade divina é livre e nada quer por necessidade, porque nada Lhe falta ou impõe necessidade.[21]

---

18. TOMÁS DE AQUINO, *De veritate*, q. 23, a. 1, resp.
19. TOMÁS DE AQUINO, *De veritate*, q. 23, a. 2, resp.
20. TOMÁS DE AQUINO, *De veritate*, q. 23, a. 3, resp.
21. TOMÁS DE AQUINO, *De veritate*, q. 23, a. 4, resp.

A vontade divina impõe necessidade às coisas queridas? Neste quinto artigo, os argumentos *contra* sustentam a assertiva com base no princípio de causalidade, ou seja, a toda causa segue um efeito. Ora, sendo Deus causa das criaturas, estas, enquanto são efeitos, estão submetidas à necessidade imposta por Deus. Tomás afirma que, se a necessidade fosse imposta ao homem, eliminar-se-ia o livre-arbítrio, o que contradiz a condição humana de ter sido criada à imagem e semelhança de Deus, em cuja semelhança está a liberdade.[22]

A justiça nas coisas criadas depende apenas da vontade divina? Neste sexto artigo, os argumentos *contra* apontam que, se o princípio de todas as coisas é a vontade divina, parece que só dela mesma depende toda razão de justiça. Tomás diz que a razão de toda justiça é a sabedoria do divino intelecto, que constitui as coisas na devida proporção, não só entre si, mas com sua causa, em cuja proporção consiste, de fato, a razão da justiça criada. Disso se segue que a justiça nas coisas criadas não depende apenas da vontade divina.[23]

Somos obrigados a conformar nossa vontade com a vontade divina? Neste sétimo artigo, os argumentos *contra* defendem principalmente a seguinte tese: Ninguém está obrigado ao impossível. Ora, é impossível a nós conformar nossa vontade com a divina, porque a divina vontade nos é desconhecida. Logo, não estamos obrigados a essa conformidade. Tomás responde dizendo que a vontade de Deus não pode ser conhecida por nós plenamente. Por isso, não podemos conformar nossa vontade com a Sua de modo pleno, mas podemos e devemos conformá-la, na medida em que a conhecemos.[24]

Somos obrigados a conformar nossa vontade com a vontade divina no querido, a saber, de modo que sejamos obrigados a que-

---

22. TOMÁS DE AQUINO, *De veritate*, q. 23, a. 5, resp.
23. TOMÁS DE AQUINO, *De veritate*, q. 23, a. 6, resp.
24. TOMÁS DE AQUINO, *De veritate*, q. 23, a. 7, ad 1.

rer aquilo que sabemos que Deus quer? Neste oitavo artigo, os argumentos *contra* defendem, a partir de exemplos retirados da Escritura, que não somos obrigados a conformar nossa vontade com a divina no querido, sob pena de querer o mal de si mesmo ou pecar mortalmente, pois se Deus revelasse a alguém que seria condenado e que deveria querer sua condenação, isso contradiria à caridade, pela qual qualquer um quer a si mesmo para a vida eterna. Do que se segue, que esta pessoa estaria obrigada a querer algo contra a caridade, o que é inconveniente. Tomás diz que Deus não quer, por sua parte, condenar alguém. Por isso, querer sua condenação, de modo absoluto, não significa conformar sua vontade com a divina, mas com a vontade de pecado.[25] Disso decorre que somos obrigados a conformar nossa vontade com a vontade divina no querido, a saber, de modo que sejamos obrigados a querer aquilo que sabemos que Deus quer, ou seja, o bem da nossa natureza.

4. Conclusão

Tomás propõe a tese de que a vontade é própria dos seres espirituais, mas de modo diferente em Deus, pois n'Ele a vontade não é uma potência, da qual deriva a noção de inclinação, comum às demais criaturas corpóreas. Em Deus a vontade é ato perfeitíssimo, cujo objeto querido é a sua própria bondade, a que faz participar toda criatura, mediante a criação, dispondo-a para cada criatura segundo seu gênero, espécie e individualidade. A vontade divina não quer por necessidade, senão a si mesma, e quer as coisas criadas, porque participam da Sua bondade.

Contudo, não impõe à natureza humana livre qualquer necessidade que não a de conformar-se à vontade divina, cujo bem é o da própria natureza humana. E aqui está a diferença fundamental entre a teoria tomasiana da vontade divina relacionada

---

25. TOMÁS DE AQUINO, *De veritate*, q. 23, a. 8, resp.

com a humana e a doutrina do voluntarismo, que subordina às cegas a vontade humana à divina ou faz da humana uma vontade divina. Eis, pois, a teoria da vontade divina beneplácita e antecedente, que tudo dispõe, segundo a regra da sabedoria e onipotência divinas, em atos de misericórdia e justiça, para que o homem possa alcançar o bem e o fim da sua natureza, que se conflagra na própria visão e participação do bem divino.

De fato, toda esta questão tem seu ápice na análise da vontade divina relacionada com a vontade humana. Tomás acuradamente propôs diversos argumentos que estabelecem uma estreita relação entre as vontades divina e humana, distinguindo-as entre si, mas unindo-as quanto ao objeto comum que é a própria bondade divina. Assim, ele defende que a vontade divina é um bem em si ao qual a vontade humana deve se conformar, não apenas valendo dos seus meios e princípios naturais, mas também do auxílio divino, pois, para Tomás, é mais nobre querer a Deus do que entender a Deus. E nisso reside a importância filosófica e teológica da doutrina da questão *A vontade de Deus*.

Paulo Faitanin e
Bernardo Veiga

Questão 23[*]
A vontade de Deus

[*]. Tradução baseada no texto Taurino *Quaestiones disputatae De Veritate*, q. 23, editado em 1953, transferido automaticamente por Roberto Busa, S.J., para fitas magnéticas, e de novo revisto e ordenado por Enrique Alarcón. Disponível em: www.corpusthomisticum.org.

Proêmio

E, primeiro, pergunta-se se compete a Deus ter vontade.

Segundo, se a vontade divina pode ser distinta por antecedente e consequente.

Terceiro, se a vontade divina se divide convenientemente por vontade de beneplácito e vontade de sinal.

Quarto, se Deus quer por necessidade qualquer coisa que quer.

Quinto, se a vontade divina impõe necessidade às coisas queridas.

Sexto, se a justiça nas coisas criadas depende apenas da vontade divina.

Sétimo, se somos obrigados a conformar nossa vontade com a vontade divina.

Oitavo, se somos obrigados a conformar nossa vontade com a vontade divina no querido, a saber, de modo que sejamos obrigados a querer aquilo que sabemos que Deus quer.

Artigo 1
E, primeiro, pergunta-se se compete a Deus ter vontade[1]

E parece que não.

---

1. Outros lugares: *In I Sent.* d. 45, a. 1; *C.G.* I, cap. 72-73 e IV, cap. 19; *STh.* I, q. 19, a. 1 e q. 54, a. 2; *Comp. theo.,* cap. 32.

Argumentos

1. Com efeito, tudo o que tem vontade compete agir segundo a eleição da vontade. Ora, Deus não age segundo a eleição da vontade, pois como diz Dionísio no capítulo IV do livro *Sobre os nomes divinos*:[2] *assim como nosso Sol visível ilumina tudo, não raciocinando ou elegendo anteriormente, mas pelo mesmo ser, assim também se dá com a bondade divina.* Logo, a Deus não compete ter vontade.

2. Além do mais, de uma causa contingente não podem vir efeitos necessários. Ora, a vontade é uma causa contingente, quando se dirige a qualquer coisa. Logo, não pode ser causa das coisas necessárias. Ora, Deus é a causa de tudo, tanto das coisas necessárias, quanto das contingentes. Logo, não age por vontade. E, assim, o mesmo que antes.

---
2. PSEUDO-DIONÍSIO, *De divinis nominibus*, c. 4: PG 3, 693 B.

3. Além do mais, a aquilo que não tem alguma causa não lhe compete algo que implica consigo relação à causa. Ora, Deus, sendo causa primeira de tudo, não tem nenhuma causa. Logo, como a vontade implica relação com a causa final, porque a vontade é do fim, segundo o Filósofo no livro III da *Ética*,[3] parece que não compete a Deus a vontade.

4. Além do mais, segundo o Filósofo no livro III da *Ética*,[4] o voluntário merece o louvor ou o vitupério. Ora, o involuntário merece vênia e misericórdia. Logo, àquilo que não compete a razão do voluntário não lhe compete a razão de louvor. Ora, a Deus não compete a razão de louvor, porque o louvor, como se diz no livro I da *Ética*,[5] não é das coisas ótimas, mas daquelas coisas que são ordenadas ao ótimo. Ora, a honra é relativa às coisas ótimas. Logo, não compete a Deus ter vontade.

5. Além do mais, os opostos se originam em relação a um mesmo. Ora, o voluntário se opõe duplamente ao involuntário, como se diz no livro III da *Ética*,[6] a saber, o involuntário por ignorância e por violência. Ora, não compete a Deus o involuntário por violência, porque a coação não se aplica a Deus, nem o involuntário por ignorância, porque Ele conhece todas as coisas. Logo, nem o voluntário compete a Deus.

6. Além do mais, como se diz no livro *Sobre a regra da fé*,[7] a vontade é dupla, a saber, *afetiva*, relativa aos atos interiores, e

---

3. ARISTÓTELES, *Ethica Nicomachea*, III, c. 5, 1111b26. [*Ética a Nicômaco*, obra publicada em *Clássicos Edipro*. (N.E.)]
4. ARISTÓTELES, *Ethica Nicomachea*, III, c. 1, 1109b31.
5. ARISTÓTELES, *Ethica Nicomachea*, I, c. 12, 1101b22.
6. ARISTÓTELES, *Ethica Nicomachea*, III, c. 1, 1109b22.
7. ALANUS DE INSULIS, *Regulae de sacra theologia*, 79: PL 210, 661.

efetiva, relativa aos atos exteriores. Ora, a vontade afetiva, como se diz ali, atua para o mérito, mas a vontade efetiva é para alcançar o mérito. No entanto, não compete a Deus merecer. Logo, Deus, de modo algum, pode ter vontade.

7. Além do mais, Deus é movente não movido, porque, segundo Boécio, *o que permanece imóvel dá a todas as coisas o ser movido*.[8] Ora, a vontade é o movente movido, como se diz no livro III do *Sobre a alma*.[9] Por isso, também, no livro XI da *Metafísica*,[10] o Filósofo prova que Deus move tal como o desejo e o intelecto, razão pela qual é movente e não movido. Logo, não compete a Deus ter vontade.

8. Além do mais, a vontade é certo apetite, pois está contida sob a parte apetitiva da alma. Ora, o apetite é certa imperfeição, pois é acerca do que não tem, segundo Agostinho.[11] Logo, como nenhuma imperfeição se aplica a Deus, parece que não Lhe compete ter vontade.

9. Além do mais, nada que se relaciona com os opostos parece competir a Deus, pois tais coisas são geráveis e corruptíveis, das quais Deus está bem separado. Ora, a vontade se relaciona com os opostos, pois está contida entre as potências racionais, que se relacionam com os opostos, segundo o Filósofo.[12] Logo, a vontade não compete a Deus.

---

8. BOÉCIO, *Consolatio Philosophiae*, III, metr. 9: PL 63, 758A.
9. ARISTÓTELES, *De anima*, III, c. 15, 433b16. [*Da alma*, obra publicada em *Clássicos Edipro*. (N.E.)]
10. ARISTÓTELES, *Metaphysica*, XI, c. 7, 1072a26. [*Metafísica*, obra publicada em *Clássicos Edipro*. (N.E.)]
11. AGOSTINHO, *De Trinitate*, c. 12: PL 42, 971.
12. ARISTÓTELES, *Metaphysica*, IX, c. 2, 1046b4-6.

10. Além do mais, Agostinho, no livro XIV da *Cidade de Deus*,[13] diz que Deus não é afetado de um modo quando as coisas são, e de outro modo quando as coisas não são. Ora, quando as coisas não são, Deus não quer que sejam, pois seriam se quisesse que elas fossem. Logo, também, quando são, Deus não as quer que sejam.

11. Além do mais, não compete a Deus ser aperfeiçoado, mas aperfeiçoar. Ora, a vontade é aperfeiçoada pelo bem, como o intelecto pelo verdadeiro. Logo, não compete a Deus a vontade.

Ao contrário

1. É o que se diz no Sl 113,3: *faz tudo o que deseja*. A partir disso, parece que Deus tem vontade, e que as coisas são criadas por sua vontade.

2. Além do mais, a beatitude se encontra maximamente em Deus. Ora, a beatitude requer vontade, porque se diz feliz, segundo Agostinho, quem tem o que quer e nada quer de mal. Logo, compete a Deus a vontade.

3. Além do mais, onde quer que se encontrem as condições mais perfeitas, ali estará a vontade mais perfeita. Ora, em Deus se encontram de modo perfeitíssimo as condições da vontade, pois n'Ele não há distância da vontade ao sujeito, porque sua essência é sua vontade e nem há distância da vontade ao ato, porque seu ato é sua essência, nem há distância da vontade ao

---

13. AGOSTINHO, *De civitate Dei*, XIV, c. 21: PL 41, 334.

fim, ou, ao objeto, porque sua vontade é sua bondade. Logo, em Deus se encontra a vontade perfeitíssima.

4. Além do mais, a vontade é raiz da liberdade. Ora, a liberdade principalmente compete a Deus, pois é livre quem é causa de si, segundo o Filósofo no livro I da *Metafísica*,[14] o que se verifica maximamente em Deus. Logo, encontra-se vontade em Deus.

Respondo

Respondo, dizendo que a vontade se encontra em Deus de modo muitíssimo próprio. Para evidenciar isso, deve-se saber que o conhecimento e a vontade se radicam na substância espiritual em suas diversas relações com as coisas. Há, pois, uma aptidão da substância espiritual em relação às coisas, na medida em que, de algum modo, existem por causa da própria substância espiritual, não, pois, segundo o próprio ser, como os antigos defendiam, dizendo que conhecemos a terra pela terra, a água pela água, e assim com relação às outras coisas, mas segundo sua própria noção. Ora, a pedra não está na alma, mas a espécie de pedra, ou sua noção, segundo o Filósofo no livro III do *Sobre a alma*[15].

E porque a razão absoluta da coisa não pode ser encontrada sem concretude, a não ser na substância imaterial, por isso o conhecimento não pode ser atribuído a todas as coisas, mas só às imateriais. E segundo o grau de imaterialidade se dá o grau de conhecimento, de modo que as coisas que são maximamente imateriais são maximamente cognoscíveis, nas quais, porque sua própria essência é imaterial, tem-se como meio de conhecer, assim como Deus por sua essência conhece a si mesmo e a todas

---

14. ARISTÓTELES, *Metaphysica*, I, c. 3, 982b25.
15. ARISTÓTELES, *De anima*, III, c. 8, 431b29.

as coisas. A vontade, porém, como qualquer apetite, funda-se na aptidão, pela qual a substância espiritual se refere às coisas, como tendo certa ordenação para elas, para as próprias coisas existentes. E porque é próprio de qualquer coisa tanto material quanto imaterial ter alguma ordenação para a coisa, então segue que a qualquer coisa lhe compete ter um apetite natural, ou animal, ou racional ou intelectual, mas que se encontra nas diversas coisas, de diversos modos. Como, pois, uma coisa tem que ser ordenada para outra coisa por algo que tenha em si mesma, na medida em que tenha algo em si de um modo diverso, segundo esse modo diverso se ordena a outro.

Portanto, as coisas materiais, nas quais o que existe nelas deve ser como composto de matéria e concreto, não têm uma livre ordenação para outras coisas, mas se seguem, a partir da necessidade da disposição natural. Por isso, as mesmas coisas materiais não são por si mesmas causas de sua ordenação, como se elas mesmas se ordenassem para isso, para o qual são ordenadas, mas são ordenadas por outras coisas, a saber, por aquilo de que recebem a disposição natural. E, por isso, compete-lhes ter apenas um apetite natural. De fato, nas substâncias imateriais e cognoscíveis há algo, de modo absoluto, não concreto e não ligado à matéria. E isso segundo o grau de sua imaterialidade. E, por causa disso mesmo, elas se ordenam às coisas por uma ordenação livre, das quais elas mesmas são causas, como se ordenando a si mesmas para aquilo a que são ordenadas. E, por isso, compete-lhes fazer ou apetecer qualquer coisa de modo voluntário e espontâneo. Se, pois, a arca que estivesse na mente do artífice fosse uma forma material que tivesse um ser determinado, não se inclinaria a não ser segundo o modo determinado que teria. Então, o artífice não permaneceria livre para fazer ou não fazer a casa, ou fazer assim ou de outro modo. Ora, porque a forma da casa na mente do artífice é a razão absoluta de casa, que não tem em si, enquanto tal, mais relação ao ser do que ao não ser, nem ao ser assim ou ao ser de outro modo, com relação à disposição acidental da casa, a inclinação do artífice permanece livre com relação a fazer ou não fazer a casa. Porque, de fato, na substância espiritual que possui sentidos é necessário que as formas das coisas sejam recebidas sem matéria, ainda que não de modo completamente imaterial e sem as condições materiais, a partir disso que são recebidas no órgão corporal, por isso a inclinação nelas não é totalmente livre, ainda que nelas haja alguma imitação ou semelhança de liberdade. Inclinam-se, pois, a algo a partir do apetite delas mesmas, enquanto apetecem algo pela apreensão, mas inclinar-se ou não para aquilo que apetece não está sob a liberdade da disposição delas. Contudo, na natureza intelectual, onde perfeitamente algo é recebido imaterialmente, encontra-se a razão perfeita da inclinação livre. E essa inclinação livre, de fato, constitui a natureza da vontade.

E, por isso, nas coisas materiais não se atribui vontade, mas o apetite natural. Contudo, à alma sensitiva não é atribuída vontade, mas o apetite animal, porém, às substâncias intelectivas se atribui a vontade. E quanto mais for imaterial, tanto mais lhe convirá a razão de vontade. Por isso, como Deus está no último grau da imaterialidade, compete-lhe de modo sumo e muitíssimo próprio a razão de vontade.

Respostas aos argumentos

1. Respondo, portanto, dizendo que Dionísio não tentou, a partir de suas palavras, excluir a vontade e a eleição de Deus, mas mostrar sua influência universal nas coisas. Com efeito, Deus não comunica sua bondade às coisas, como se elegesse algumas partícipes da sua bondade, e outras excluísse completamente da participação de sua bondade, mas a todos dá abundantemente, como se diz em Tg 1,5, ainda que, quanto a eleger se diga que dá a alguns mais do que a outros, por ordem de sua sabedoria.

2. Respondo, dizendo que a vontade de Deus não é causa contingente, porque aquilo que quer o quer imutavelmente. E, por isso, pela mesma razão de sua imutabilidade, as coisas necessárias podem ser causadas e, principalmente, por isso, nenhuma coisa criada é necessária, na medida em que é considerada em si, mas é possível em si e necessária por outra.

3. Respondo, dizendo que a vontade está em alguns de dois modos: de um modo principalmente, e de outro, secundariamente. Principalmente, de fato, a vontade é do fim, que é a razão de querer todas as outras coisas. Secundariamente, porém, é das coisas que são relativas ao fim, que queremos por causa do fim. Contudo, a vontade não tem uma disposição, como para a causa, para o querido, que é secundário, mas apenas para o querido principal, que é do fim. No entanto, deve-se saber que a vontade e o querido, às vezes, são distinguidos segundo a realidade e, então, o querido é comparado com a vontade realmente como causa final. Contudo, se a vontade e o querido se distinguissem apenas por razão, então o querido não seria causa final da vontade, a não ser segundo o modo de significar. Portanto, a vontade divina é comparada, como ao fim, à sua bondade, que segundo a realidade é o mesmo que sua vontade, porém se distingue só segundo o modo de significar. Por isso, resta que da vontade divina nada é causa realmente, mas só segundo o modo de significar. Nem é inconveniente em Deus que algo seja significado por modo de causa, assim, pois, a divindade é significada em Deus como estando em Deus, por modo de causa formal. De fato, as coisas criadas que Deus quer não são consideradas com relação à vontade divina como fins, mas como ordenadas ao fim, pois, por causa disso, Deus quer o ser das criaturas, para que nelas se manifeste sua bondade e para que sua bondade, que por essência não pode ser multiplicada, ao menos seja difundida em muitas coisas, por participação de similitude.

4. Respondo, dizendo que o louvor não se deve à vontade por qualquer ato seu, se se toma louvor em sentido estrito, como o Filósofo toma, mas na medida em que a vontade é comparada com as coisas que são relativas ao fim. Com efeito, consta que o ato da vontade se encontra não só nas operações da virtude, que são louváveis, mas também no ato da felicidade, que é das coisas honráveis. Consta, pois, que a felicidade possui deleite. E, porém, também é atribuído o louvor a Deus, pois somos convidados a louvar a Deus em muitas lugares da Escritura, mas o louvor é tomado em um sentido mais amplo do que aquele que o Filósofo toma. Ou se pode dizer que o louvor, tomado propriamente, compete a Deus, enquanto sua vontade ordena as criaturas a si mesmo, como ao fim.

5.[16]

6. Respondo, dizendo que em Deus existe a vontade afetiva como a efetiva, pois quer querer e quer fazer o que faz, mas não é necessário que onde quer que esteja alguma dessas vontade se encontre mérito, mas só em uma natureza imperfeita que tende à perfeição.

---

16. A edição do *Corpus Thomisticum* não traz a resposta ao 5º argumento. Como esta tradução é nela baseada, seguimos a ordem original do texto pesquisado – no qual não aparece a referida numeração e resposta. No entanto, isso não causa prejuízo algum à leitura, compreensão e análise do texto em questão, do artigo e do seu pensamento original. Além disso, a própria versão Leonina, responsável pela edição crítica das obras de Tomás de Aquino, também não possui esse ponto, que indica por: *Deest solutio ad quintum*, isto é, *falta a solução para o quinto*.

7. Respondo, dizendo que, quando algo é querido pela vontade, o querido move realmente a vontade; mas quando o querido é a própria vontade, então não move, a não ser segundo o modo de significar. E quanto a esse modo de falar, segundo o Comentador no livro VIII da *Física*,[17] verifica-se o dito de Platão que dizia que o primeiro motor move a si mesmo, a saber, enquanto intelige e quer a si mesmo. Não, porém, porque quer as criaturas, segue-se que seja movido pelas criaturas, porque não quer as criaturas a não ser por razão de sua bondade, como foi dito, na solução do artigo 3.

8. Respondo, dizendo que pela mesma natureza algo é movido ao término que ainda não tem, e descansa no término que já obteve. Por isso, a mesma potência é tender ao bem ainda não tido, e amar o mesmo e se deleitar nele depois de tê-lo. E qualquer uma dessas duas coisas pertence à potência apetitiva, ainda que seja nomeado mais o ato pelo qual tende àquilo que não tem, razão pela qual se diz que o apetite é imperfeito. Ora, a vontade se comporta indiferentemente para uma e outra coisa, por isso a vontade, segundo sua própria noção, compete a Deus, não, porém, o apetite.

9. Respondo, dizendo que a Deus não compete se referir aos opostos quanto àquelas coisas que estão em sua essência, mas se refere aos opostos quanto aos efeitos nas criaturas, que pode fazer e não fazer.

10. Respondo, dizendo que Deus, quando não produz a coisa e quer que a coisa exista, não a quer, porém, que seja nesse momento. Por isso, a objeção procede de uma suposição falsa.

---

17. AVERRÓIS, *Physica*. VIII, comm. 40 [Venetiis: Apud Iunctas, 1562, IV, 380 E-F].

11. Respondo, dizendo que Deus não pode ser aperfeiçoado por algo segundo a realidade. Contudo, por modo de significar, às vezes pode ser entendido que é aperfeiçoado por algo, como quando digo que Deus entende algo. Com efeito, como o querido é perfeição da vontade, assim o inteligível é perfeição do intelecto. Contudo, em Deus, o mesmo é o inteligível primeiro e o intelecto, e o querido e a vontade.

Artigo 2
Segundo, pergunta-se
se a vontade divina pode ser distinta por antecedente e consequente[18]

E parece que não.

---

18. Outros lugares: *In I Sent.* d. 46, a. 1 e 3; *ibid.* d. 47, a. 1 e 3; *Super Tim.* I, cap. 2, lec. 1; *STh.* I, q. 19, a. 6, ad 1.

Argumentos

1. Com efeito, a ordem pressupõe a distinção. Ora, na vontade divina não há nenhuma distinção, dado que um único ato simples da vontade quer todas as coisas que quer. Logo, na vontade divina não há antecedente e consequente, o que implica ordem.

2. Mas se poderia dizer que na vontade divina, ainda que não haja a distinção por parte do que quer, dá-se, porém, a distinção por parte das coisas queridas. – Mas, ao contrário, por parte das coisas queridas a ordem na vontade não pode ser posta, a não ser de dois modos: ou com relação aos diversos, ou com relação a uma única coisa querida. Se for com relação a diversas coisas queridas, segue-se que a vontade antecedente se diz com relação às primeiras criaturas, e a vontade consequente com relação às criaturas que vêm depois, o que é falso. Contudo, se for com relação a uma única coisa querida, isso não pode ser, a não ser segundo as diversas circunstâncias nessa coisa querida, pois a vontade se refere à coisa na medida em que existe em sua natureza, porém a coisa em sua natureza está incluída em todas as suas condições. Logo, de nenhum modo, na vontade divina, devem ser postos antecedente e consequente.

3. Além do mais, como a vontade é comparada com as criaturas, assim também ocorre com a ciência e a potência. Ora, por causa da ordem das criaturas, não distinguimos a ciência nem a potência de Deus por antecedente e consequente. Logo, nem a vontade deve ser distinguida desse modo.

4. Além do mais, aquilo que não recebe mudança nem impedimento por outro não é julgado por outro, mas só por ele mesmo. Contudo, a vontade divina não pode ser mudada ou impedida por nada. Logo, nem deve ser julgada por outro, mas só por si mesma. Ora, a vontade antecedente em Deus se diz, segundo Damasceno,[19] existente por Ele mesmo, porém, a consequente por nossa causa. Logo, em Deus não deve ser distinguida a vontade consequente contra a antecedente.

5. Além do mais, na potência afetiva não parece existir ordem, a não ser a partir da cognitiva, porque a ordem pertence à razão. Ora, a Deus não se atribui um conhecimento que tenha ordem, que é a razão, mas um conhecimento simples, que é o intelecto. Logo, nem deve ser posta em sua vontade a ordem do antecedente e do consequente.

6. Além do mais, Boécio diz, no livro *A consolação da Filosofia*,[20] que Deus discerne todas as coisas com uma intuição da mente. Logo, pela mesma razão, com um simples ato da vontade se estende a todas as coisas que quer. Logo, em sua vontade não devem ser postos antecedente e consequente.

---

19. JOÃO DAMASCENO, *De fide orthodoxa*, II, c. 29: PG 94, 969 A.
20. BOÉCIO, *Consolatio Philosophiae*, V metr. 2: PL 63, 838 A.

7. Além do mais, Deus conhece as coisas em si mesmo e na própria natureza das coisas, e ainda que as coisas existam posteriormente na própria natureza do que no Verbo, porém, não se colocam no conhecimento de Deus o antecedente e o consequente. Logo, nem devem ser postos na vontade.

8. Além do mais, como o ser divino é medido pela eternidade, assim, também, a vontade divina. Ora, a duração do ser divino, por ser medida pela eternidade, é toda simultaneamente, não tendo anterior e posterior. Logo, nem na vontade divina devem ser postos antecedente e consequente.

Ao contrário

1. É o que diz Damasceno[21] no livro II: *é necessário saber que Deus com vontade antecedente quer que todos sejam salvos, não, porém, com a consequente*, como acrescenta depois. Logo, a distinção de antecedente e consequente compete à vontade divina.

2. Além do mais, a Deus compete a vontade habitual eterna segundo que Deus é, e a vontade atual segundo que é criador, que quer que as coisas existam em ato. Ora, essa vontade é comparada com a primeira, como consequente ao antecedente. Logo, na vontade divina se encontram o antecedente e o consequente.

Respondo

Respondo, dizendo que a vontade divina se distingue de modo conveniente em antecedente e consequente. Deve-se assumir o conhecimento dessa distinção a partir das palavras de

---

21. JOÃO DAMASCENO, *De fide orthodoxa*, II, c. 29: PG 94, 969 A.

Damasceno,[22] que introduziu essa distinção, pois diz no livro II que a vontade antecedente é tomada de Deus pelo próprio existente, mas a vontade consequente é concessão por nossa causa. Para a evidência disso, deve-se saber que em qualquer ação há algo que se deve comparar por parte do agente, e algo por parte do que recebe. E, assim, como o agente é anterior ao feito e mais principal, assim aquilo que é por parte do que faz é anterior naturalmente a aquilo que é por parte do feito. Como fica claro na operação da natureza, que por parte da virtude formativa, que está no sêmen, dá-se que o animal perfeito é produzido, mas por parte da matéria que recebe, que às vezes não está disposta, ocorre que alguma vez não se produza um animal perfeito, como ocorre nas partes deformadas de certos animais. E, assim, dizemos que pertence à primeira intenção da natureza que o animal perfeito seja produzido, mas que o animal imperfeito seja produzido pertence à segunda intenção da natureza, que, ao não poder comunicar à matéria a forma da perfeição, por sua indisposição, comunica-lhe aquilo do que é capaz.

E, de modo semelhante, deve-se considerar na operação de Deus, pela qual opera nas criaturas. Com efeito, ainda que Ele mesmo em sua operação não requeira matéria e tenha criado as coisas desde o princípio sem nenhuma matéria preexistente, agora, porém, opera nas coisas as quais primeiro criou, administrando-as, pressuposta a natureza que lhe deu antes. E ainda que possa tirar das criaturas todo impedimento pelo qual existiram incapazes de perfeição, porém, dispõe segundo a ordem de sua sabedoria, em relação às coisas segundo sua disposição, de modo que dá a cada um segundo seu modo. Portanto, aquilo para o que Deus ordenou a criatura, enquanto que existe em si, diz-se que é querido por Ele como a primeira intenção, ou vontade antecedente. Mas quando a criatura é impedida para esse

---

22. JOÃO DAMASCENO, *De fide orthodoxa*, II, c. 29: PG 94, 969 A.

fim por seu defeito, contudo, Deus põe nela a bondade da qual é capaz. E isso é como uma segunda intenção sua, e se diz vontade consequente.

Portanto, porque Deus fez todos os homens para a felicidade, diz-se que quer a salvação de todos com vontade antecedente, mas porque alguns se opuseram à sua salvação, aos quais a ordem de sua sabedoria não permitiu vir à salvação por causa de seus defeitos, colocou neles, de outro modo, aquilo que pertence à sua bondade, a saber, castigando-os por sua justiça, para que assim, enquanto se separam da primeira ordem da vontade, caiam na segunda. E ainda que não façam a vontade de Deus, cumpre neles a vontade de Deus. Contudo, o defeito mesmo do pecado, pelo qual alguém se torna digno de pena no presente ou no futuro, não é querido por Deus, nem com vontade antecedente, nem consequente, mas apenas é permitido por Ele.

Contudo, não se deve entender disso que a intenção de Deus possa ser frustrada, por ter sabido desde a eternidade que alguém não seria salvo, nem lhe ordenou à salvação, segundo a ordem da predestinação, que é a ordem da vontade absoluta, mas que, por sua parte, deu-lhe uma natureza ordenada à beatitude.

Respostas aos argumentos

1. Respondo, portanto, dizendo que na vontade divina nem a ordem nem a distinção são por parte do ato da vontade, mas só por parte das coisas queridas.

2. Respondo, dizendo que a ordem da vontade divina não se considera segundo as diversas coisas queridas, mas com relação a uma e mesma coisa querida, por causa dos diversos aspectos encontrados nessa ordem, como Deus quer com vontade antecedente que algum homem seja salvo por razão da natureza humana, que fez para a salvação, mas quer condená-lo com vontade consequente, por causa dos pecados que se encontram nele.

No entanto, ainda que a coisa na qual é levado o ato da vontade esteja com todas as suas condições, porém, não é necessário que qualquer uma dessas condições que se encontra no querido seja a razão que mova a vontade, assim como o vinho não move o apetite de quem bebe, por razão da virtude inebriante que tem, mas por razão da doçura, ainda que no vinho se encontre uma coisa e outra.

3. Respondo, dizendo que a vontade divina é princípio imediato das criaturas, ao ordenar os atributos divinos por modo de entendê-los, na medida em que se aplicam à obra. Com efeito, o poder não aparece na obra, a não ser regulado pela ciência e determinado pela vontade de fazer algo. E, por isso, é maior a ordem das coisas que se refere à vontade divina do que ao poder ou à ciência. Ou se deve dizer que a razão da vontade consiste, como foi dito, na comparação da vontade com as próprias coisas. Contudo, diz-se que as coisas são conhecidas ou possíveis para algum agente, enquanto estão nele mesmo pelo modo inteligível ou virtual. Ora, as coisas que estão em Deus não têm ordem, mas têm ordem enquanto estão nelas mesmas. Por isso, a ordem das coisas não é atribuída à ciência ou ao poder, mas só à vontade.

4. Respondo, dizendo que, ainda que a vontade divina não seja impedida nem mudada por alguma outra coisa, porém segundo a ordem da sabedoria se manifesta em algo, considerando a condição dele. E, assim, atribui-se à vontade divina algo de nossa parte.

5. Respondo, dizendo que esse argumento procede da ordem da vontade por parte do próprio ato. Assim, porém, ali não há ordem de antecedente e de consequente.

6. E, de modo semelhante, respondo ao sexto.

7. Respondo, dizendo que, ainda que a coisa tenha o ser posterior em sua natureza e não em Deus, a coisa não é conhecida por Deus posteriormente na própria natureza do que n'Ele mesmo. Por isso mesmo que Deus conhece a própria coisa em sua essência, as coisas são intuídas enquanto estão n'Ele mesmo e enquanto estão na própria natureza.

8. Respondo, dizendo que na vontade de Deus não se põem um antecedente e um consequente para indicar uma ordem de sucessão, que se opõe à eternidade, mas para assinalar sua diversa comparação em relação às coisas queridas.

Artigo 3
Terceiro, pergunta-se se a vontade divina se divide convenientemente por vontade de beneplácito e vontade de sinal[23]

E parece que não.

---
23. Outros lugares: *In I Sent.* d. 45, a. 4; *ibid.* d. 47, a. 1 e 3; *STh.* I, q. 19, a. 11 e 12.

Argumentos

1. Com efeito, como as coisas que ocorrem nas criaturas são sinais da vontade divina, assim também o são com relação à ciência e à potência. Ora, a ciência e a potência não se distinguem por potência e ciência, que são a essência de Deus e seus sinais. Logo, nem a vontade deve ser distinguida deste modo, em vontade de beneplácito, que é a essência divina, e vontade de sinal.

2. Além do mais, mediante isso que Deus quer algo com vontade de beneplácito, mostra-se que o ato da vontade divina é levada àquilo, enquanto assim agrada a Deus. Portanto, aquilo para o qual é levada a vontade de sinal agrada ou não a Deus. Se for agradável a Deus, então Deus quer aquilo com vontade de beneplácito. E se for assim, a vontade de sinal não deve ser distinguida da vontade de beneplácito. Ora, se não for agradável a Deus, significa que Lhe agrada por vontade de sinal. Logo, o sinal da vontade divina será falso. E, assim, na doutrina da verdade não devem ser postos tais sinais da vontade divina.

3. Além do mais, toda vontade está no que quer. Ora, qualquer coisa que está em Deus é a essência divina. Logo, se a vontade de sinal for atribuída a Deus, será a mesma que a divina essência. E, assim, não se distinguirá da vontade de beneplácito, pois se diz que é de beneplácito aquela vontade que é a mesma essência divina, como diz o Mestre no livro I das *Sentenças*.[24]

4. Além do mais, qualquer coisa que Deus quer é boa. Ora, o sinal da vontade deve corresponder à vontade divina. Logo, o sinal da vontade não deve ser sobre o mal. Portanto, quando a permissão é sobre o mal e, de modo semelhante, a proibição, parece que não devem ser postos como sinais da vontade divina.

5. Além do mais, assim como se encontram o bem e o melhor, assim também se encontram o mal e o pior. Ora, segundo o bem e o melhor se distingue uma dupla vontade de sinal: o preceito que é do bem e o conselho que é do bem melhor. Logo, de modo semelhante, com respeito ao mal e ao pior, devem ser postos dois sinais da vontade.

6. Além do mais, a vontade de Deus se inclina mais para o bem do que para o mal. Ora, o sinal da vontade que corresponde ao mal, a saber, a permissão, nunca pode ser impedido. Logo, tanto o preceito como o conselho, que são relativos ao bem, não deverão ter impedimentos, o que, porém, parece ser falso.

7. Além do mais, das coisas que se seguem entre si, uma não deve se distinguir contra a outra. Ora, a vontade de beneplácito e a operação de Deus se seguem, pois nada é operado que não queira com vontade de beneplácito, e nada quer com

---

24. PEDRO LOMBARDO, *Livri Quattuor Sententiarum*, dist. 45.

vontade de beneplácito que não opere nas criaturas, segundo se lê em Sl 115,3: [o Senhor] *faz tudo o que deseja*. Logo, a operação não deve ser posta sob a vontade de sinal, que se distingue contra a vontade de beneplácito.

Respondo

Respondo, dizendo que nas coisas divinas o modo de falar é duplo. Primeiro, conforme a própria locução, quando atribuímos a Deus o que lhe compete, segundo sua natureza, ainda que sempre lhe compita de modo mais eminente do que a nossa mente conceba, ou falado por palavra, porque nenhuma palavra nossa sobre Deus pode ser própria em sentido pleno. Segundo, conforme a linguagem figurativa, ou metafórica ou simbólica. Com efeito, porque o próprio Deus, segundo que é em si, excede à acuidade de nossa mente, é necessário que falemos d'Ele por meio dessas coisas que encontramos em nós. E, assim, atribuímos a Deus nomes sensíveis, como quando o chamamos "luz", ou "leão", ou algo semelhante. De fato, a verdade dessas palavras, certamente, funda-se em que nenhuma criatura, como diz Dionísio no capítulo II do livro *A hierarquia celeste*,[25] é privada universalmente da participação do bem. E, por isso, na criatura singular se encontram algumas propriedades que representam algo da bondade divina. E, assim, transfere-se a Deus um nome, enquanto a coisa significada pelo nome é sinal da bondade divina. Portanto, qualquer sinal pontual que é tomado para sinalizar a divindade é um modo de fala metafórico.

Contudo, cada um desses modos de falar ocorre na vontade divina. Com efeito, encontra-se em Deus propriamente a razão de vontade, como foi dito acima no artigo 1. E, assim, a vontade se diz propriamente de Deus. E essa é a vontade de beneplácito,

---

25. PSEUDO-DIONÍSIO, *Caelestis hierarchiae*, II, §3: PG 3, 141C.

que se distingue em antecedente e consequente, como foi dito no artigo precedente. De fato, porque a vontade em nós tem certa paixão consequente na alma, por isso, assim como outros nomes das paixões se dizem metaforicamente de Deus, assim também o nome da vontade. No entanto, diz-se o nome "ira" de Deus, porque n'Ele se encontra o efeito, que para nós costuma ser o da ira, a saber, a punição. Daí que a mesma punição, pela qual pune, nomeia-se "ira" de Deus. E, por modo semelhante de falar, aquelas coisas que costumam ser sinais da vontade para nós são denominadas vontade de Deus. E, portanto, diz-se vontade de sinal, porque o próprio sinal que costuma ser da vontade é chamado vontade.

Contudo, como a vontade pode ser designada também na medida em que propõe o que deve ser feito, e na medida em que impulsiona a fazer a obra, de cada um dos modos são atribuídos certos sinais à vontade. Com efeito, segundo o que propõe o que deve ser feito, quanto a fugir do mal, seu sinal é a proibição. No entanto, quanto à prossecução do bem, o sinal da vontade é duplo: com relação ao bem necessário, sem o qual não pode conseguir seu fim, o sinal da vontade é o preceito, porém, com relação ao bem útil pelo qual se adquire o fim de modo mais fácil e conveniente, o sinal da vontade é o conselho. Entretanto, na medida em que a vontade impulsiona a fazer a obra, se lhe atribuem dois sinais: um, *expresso*, que é a operação, pois aquele que impulsiona que se opere indica expressamente o que quer; outro, *interpretativo*, porque quem não proíbe algo que pode impedir parece que o concede, de modo interpretativo, a saber, a permissão. Ora, isso é o que indica o nome "permissão".

Respostas aos argumentos

1. Respondo, portanto, dizendo que Deus, ainda que possa todas as coisas e conheça todas as coisas, não quer, porém, todas as coisas. E, por isso, além dos sinais encontrados nas criaturas, nos quais se mostra que é sábio, poderoso e que quer, assinalam-se certos sinais à vontade, de modo que mostrem aquilo que Deus quer, e não apenas que quer. Ou se deve dizer que a ciência e a onipotência não têm assim unido esse modo de paixão como a vontade, tal como se encontra em nós. E, por isso, a vontade se aproxima mais do que a potência ou a ciência daquelas coisas que se dizem metaforicamente de Deus. E, por isso, falando metaforicamente, chamamos mais vontade aos sinais da vontade, do que ciência e potência aos sinais da ciência e da potência.

2. Respondo, dizendo que, ainda que Deus não queira tudo o que preceitua ou permite, quer, porém, algo em relação a isso. Com efeito, quer que todos sejam devedores do que preceitua, e que esteja em nosso poder o que permite, e essa é a vontade divina que o preceito e a permissão significam. Ou se pode dizer que a vontade de sinal não se diga assim porque significa que Deus queira isso; mas, porque isso que costuma ser sinal da vontade para nós chamamos vontade. No entanto, não é necessário que aquilo que costuma ser sinal de alguma coisa seja falso, quando não corresponde àquilo que costuma significar, a não ser apenas quando se aplique para significar isso. Portanto, ainda que comandar seja em nós sinal de querer algo, porém, cada vez que Deus ou o homem preceituem algo, não é necessário que signifique que queiram que seja isso. Consequentemente, não se segue que seja um sinal falso. É por isso que nem sempre existe uma falsidade em nossas ações, sempre que uma ação que normalmente significa algo é realizada e o significado não está lá. Ora, a palavra, se não estiver ali aquilo que significa, é falsa necessariamente, porque as palavras foram instituídas para isso, porque são sinais. Por isso, se não lhe corresponder o significado, haverá ali falsidade. Contudo, as ações não foram instituídas para isto, para servirem de sinais, mas para que algo se faça pelas ações. Contudo, por acidente, as ações podem servir de sinais para algo. E, por isso, nem sempre há falsidade nas ações, se elas não corresponderem ao sinal, mas haverá apenas quando forem aplicadas pelo agente para significar.

3. Respondo, dizendo que a vontade de sinal não está em Deus, mas provém de Deus, pois é algum efeito de Deus, tal como se costuma designar para nós a vontade do homem.

4. Respondo, dizendo que a vontade de Deus, ainda que não seja relativa ao mal, para que se faça, porém, é relativa a ele para impedi-lo, quando o proíbe, ou para o permitir, quando constitui em nosso poder.

5. Respondo, dizendo que, como tudo para o qual a vontade tende tem uma ordem para o fim, que é a razão de querer todas as coisas, porém, as coisas más carecem de ordem ao fim. Todas as coisas más têm um mesmo lugar com relação ao fim, que é também relativo à vontade divina. Contudo, as coisas boas que se ordenam ao fim, segundo as diversas ordens ao fim, a vontade se relaciona com elas de diversos modos. E, por causa disso, há diversos sinais de bom e melhor, não, porém, de mal e pior.

6. Respondo, dizendo que a vontade de sinal não se distingue da vontade de beneplácito pelo que deve se cumprir ou não cumprir. Daí que, ainda que a vontade de beneplácito sempre se cumpra, pode, porém, pertencer à vontade de sinal algo que se cumpra. Por isso, aquelas coisas que Deus preceitua ou aconselha, às vezes, Ele as quer com vontade de beneplácito. Distinguem-se, porém, a vontade de sinal da vontade de beneplácito, porque uma é o próprio Deus, e a outra é seu efeito, como já foi dito, no corpo do artigo. E se deve saber que a vontade de sinal se relaciona com a vontade de beneplácito de três modos: primeiro, que a vontade de sinal nunca incide no mesmo com a vontade de beneplácito, como a permissão com a qual permite que os males sejam feitos, pois nunca quer que os males sejam feitos; segundo, que incide sempre no mesmo, como a operação; terceiro, que incide, às vezes sim e às vezes não, como o preceito, a proibição e o conselho.

7. E, por isso, é clara a solução ao último.

Artigo 4
Quarto, pergunta-se se Deus quer por necessidade qualquer coisa que quer[26]

E parece que sim.

---
26. Outros lugares: *CG.* I, cap. 80-83 e III, cap. 97; *De pot.,* q. 1, a. 5 e q. 10, a. 2, ad 6; *STh.* I, q. 19, a. 3.

Argumentos

1. Com efeito, todo eterno é necessário. Ora, Deus quer o que quer desde a eternidade. Logo, quer o que quer por necessidade.

2. Mas se poderia dizer que o querer de Deus é necessário e eterno por parte da vontade, que é a essência divina, e por parte do que é a razão do querer, que é a divina vontade, porém, não com relação da vontade ao querido. – Mas, ao contrário, isso mesmo que Deus queira algo implica uma relação da vontade ao querido. Ora, isso mesmo que Deus queira algo é eterno. Logo, a própria relação da vontade com o querido é eterna e necessária.

3. Mas se poderia dizer que a inclinação para o querido é eterna e necessária, na medida em que o querido existe na razão exemplar, não, porém, enquanto exista em si mesmo, ou na própria natureza. – Mas, ao contrário, de acordo com isso, algo é querido porque a vontade se refere a isso mesmo. Portanto, se a vontade de Deus, desde a eternidade, não se referisse ao querido, na medida em que exista em si mesmo, mas enquanto existe na razão exemplar do querer, então, algo temporal, como a salvação de Pedro, não seria algo querido por Deus desde a eternidade, a saber, que fosse querido na própria natureza, mas só querido desde a eternidade por Deus, por existir nas razões eternas, o que é claramente falso.

4. Além do mais, qualquer coisa que Deus quis ou quer, depois que a quer ou quis não pode não a querer ou não a ter querido. Ora, qualquer coisa que Deus quer, nunca não quis, pois sempre e desde a eternidade quis aquilo que quer. Logo, Deus não pode não querer o que quer. Portanto, quer o que quer por necessidade.

5. Mas se poderia dizer que esse argumento procede por considerar o querer de Deus quanto ao mesmo que quer, ou ao ato, ou razão do querer, não, porém, quanto à relação que se refere ao querido. – Mas, ao contrário, criar é um ato que sempre implica relação com o efeito, pois conota um efeito temporal. Ora, esse argumento se verifica sobre a criação, supondo-se que Deus sempre criou, porque o que criou não pode não o ter criado. Logo, segue-se, por necessidade, que tem relação com o querido.

6. Além do mais, para Deus é o mesmo ser e querer. Ora, é necessário para Deus ser tudo o que é, porque no perpétuo não difere ser e poder, segundo o Filósofo no livro III da *Física*.[27] Logo, também é necessário para Deus querer tudo o que quer.

7. Mas se poderia dizer que, ainda que querer e ser sejam o mesmo segundo o real, porém diferem segundo o modo de

---

27. ARISTÓTELES, *Physica*, III, c. 4, 203b30.

significar, porque querer é significado pelo modo de ato, que passa a outro. – Mas, ao contrário, ainda que o ser de Deus seja o mesmo que a essência segundo o real, porém, diferem segundo o modo de significar, porque o ser é significado pelo modo de ato. Logo, quanto a isso não há diferença entre ser e querer.

8. Além do mais, a eternidade repugna a sucessão. Ora, o querer divino se mede na eternidade. Logo, não pode haver ali sucessão. Contudo, haveria sucessão se o que se quis desde a eternidade não se quisesse, ou o que não se quis se quisesse. Logo, é impossível querer o que não quis, ou não querer o que quis. Portanto, o que quer, por necessidade o quer; e o que não quer, por necessidade não o quer.

9. Além do mais, qualquer um que queira algo necessário, é impossível que o que quis não o tenha querido, porque o que foi feito não pode não ter sido. Ora, em Deus é o mesmo querer e ter querido, porque o ato de sua vontade não é novo, mas eterno. Logo, Deus não pode não querer o que quer. E, assim, quer o que quer por necessidade.

10. Mas se poderia dizer que quer por necessidade quanto à razão de querer, não, porém, quanto ao próprio querer. – Mas, ao contrário, a razão de querer em Deus é Ele mesmo, que quer por si mesmo o que quer. Logo, se quer a si mesmo por necessidade, também quer todas as outras coisas por necessidade.

11. Além do mais, a razão de querer é de fim. Contudo, o fim, segundo o Filósofo no livro II da *Física*,[28] e no livro VII da *Ética*,[29] relaciona-se ao apetitivo e operativo, tal como o primei-

---

28. ARISTÓTELES, *Physica*, II, c. 15, 200a15.
29. ARISTÓTELES, *Ethica Nicomachea*, VII, c. 8, 1151a16.

ro princípio com a demonstração. Ora, na demonstração, se os princípios são necessários, segue-se que a conclusão é necessária. Logo, também no apetitivo, se alguém quer o fim, quer com necessidade aquelas coisas que são para o fim. E, assim, se o querer divino é necessário quanto à razão de querer, será necessário com relação às coisas queridas.

12. Além do mais, quem pode querer algo e não querer pode começar a querer algo. Ora, Deus não pode começar a querer algo. Logo, não pode querer algo e não querer. E, assim, quer o que quer por necessidade.

13. Além do mais, assim como a vontade de Deus se relaciona com as criaturas, assim também se dão a onipotência e a ciência. Ora, é necessário que Deus possa o que pode, e é necessário que Ele conheça o que conhece. Logo, é necessário que queira o que quer.

14. Além do mais, aquilo que sempre é do mesmo modo é necessário. Ora, a relação da vontade divina com o querido encontra-se sempre do mesmo modo. Logo, é necessária. E, assim, o querer divino é necessário com relação à substância querida.

15. Além do mais, se Deus quis que o Anticristo existisse, segue-se que por necessidade o Anticristo existiria, ainda que o Anticristo não fosse necessário. Ora, isso não ocorreria, exceto se fossem necessárias a relação ou a tendência da vontade divina para o querido. Logo, o mesmo querer divino é necessário, enquanto sua vontade se relaciona com o querido.

16. Além do mais, a ordem da vontade divina para a razão de querer é causa da ordem da vontade divina para o querido, pois a vontade em algo querido é levada por causa da razão do querer. Ora, entre uma e outra ordem não cabe algo contingente médio. Contudo, posta a causa necessária, segue-se o efeito necessário, exceto que intervenha alguma causa contingente. Logo, quando o querer divino é necessário em ordem à razão do querer, será necessário na ordem em relação ao querido. E, assim, Deus quer por necessidade qualquer coisa que quer.

Ao contrário

1. A vontade de Deus é mais livre do que a nossa vontade. Ora, a nossa vontade não quer por necessidade o que quer. Logo, nem a vontade de Deus.

2. Além do mais, a necessidade se opõe à vontade gratuita. Ora, Deus quer a salvação do homem por vontade gratuita. Logo, não quer por necessidade.

3. Além do mais, como nada extrínseco a Deus pode impor necessidade, se quiser algo com necessidade, não o quer a não ser por necessidade de sua natureza. Logo, segue-se disso o mesmo que estabelece que Deus atua por vontade e por necessidade de natureza. Mas, para os que dizem que Deus atua por necessidade de sua natureza, segue-se que todas as coisas foram feitas por Ele desde a eternidade. Portanto, o mesmo se segue para nós que sustentamos que Ele fez todas as coisas por vontade.

Respondo

Respondo, dizendo que é indubitável que o divino querer tem necessidade por parte do próprio querer e do ato, pois o ato de Deus é sua essência, que consta ser eterna. Por isso, não se coloca isso na questão; mas, se o mesmo querer tem necessidade por comparação ao querido, entenda-se, pois, a comparação como quando dizemos que Deus quer isto ou aquilo, porque se pergunta isso quando perguntamos se Deus quer algo por necessidade. Portanto, deve-se saber que qualquer vontade tem duas coisas queridas: uma, principal; outra, secundária. A coisa principal querida é a que a vontade se dirige por sua natureza, pois a própria vontade é certa natureza e tem uma ordem natural para algo. Isso, porém, é o que a vontade quer naturalmente, como a vontade humana quer naturalmente a felicidade e, com relação a isso, a vontade tem necessidade do querido, dado que tende a ele por modo da natureza, pois o homem não pode não querer ser feliz, ou querer ser miserável. A coisa secundária é aquela que se ordena ao principal querido, como ao fim. E com relação a essas duas coisas queridas desse modo, a vontade se relaciona de modo diverso, tal como o intelecto em relação aos princípios que naturalmente conhece, e às conclusões que deduz deles.

Portanto, a vontade divina tem por principal querido aquilo que quer naturalmente, que é como o fim de sua vontade, sua própria bondade, pela qual quer o que quer distinto de si, pois quer as coisas por sua bondade como diz Agostinho,[30] para que sua bondade, que não pode se multiplicar por essência, ao menos se difunda em muitos por certa participação de similitude. Por isso, o que quer acerca das criaturas é querido de modo secundário, pois quer por causa da sua bondade, para que assim seja sua divina bondade a razão de querer todas as coisas, como sua essência é para Ele a razão de conhecer todas as coisas. Logo, com relação ao principal querido, que é sua bondade, a vontade divina tem necessidade não, de fato, de coação, mas de ordem natural, que não repugna à liberdade, segundo diz Agostinho no livro V da *Cidade de Deus*,[31] pois Deus não pode

---

30. AGOSTINHO, *De dil. Deo*, cap. 2: PL 40, 850.
31. AGOSTINHO, *De civitate Dei*, V, cap. 10: PL 41, 152.

querer-Se se não for bom. E, por consequência, não pode ser inteligente ou onipotente ou qualquer coisa que se incluía na razão de sua bondade. Mas, com relação às outras coisas queridas, não tem nenhuma necessidade.

Ora, como a razão de querer essas coisas que são para o fim é o próprio fim, segundo isso, o que é para o fim compara-se ao fim, como o que é comparado com a vontade. Por isso, se o que for para o fim for proporcionado ao fim, de modo que inclua perfeitamente o fim, sem o qual não possa ter fim, tal como se apetece por necessidade o fim, também se apetece por necessidade o que é para o fim, principalmente, pela vontade que não pode levar a regra de sabedoria. Pela mesma razão, parece, pois, desejar a continuação de vida, tomar o alimento pelo qual a vida é conservada e sem o qual a vida não pode ser conservada. Ora, como nenhum efeito divino se molda ao poder da causa, assim, nada do que é ordenada a Deus como fim é adequado ao fim. Nenhuma criatura é perfeitamente similar a Deus, pois isso é só do Verbo incriado. Por isso, por mais nobre que seja o modo pelo qual alguma criatura pura se ordena a Deus, assemelhando-se-Lhe de algum modo, é possível que alguma outra criatura ordene-se ao próprio Deus e represente a divina bondade de igual modo nobre.

Evidencia-se que não há necessidade na divina vontade, a partir do amor que tem por sua bondade, por querer isto ou aquilo para criatura. Nem há n'Ele necessidade com relação a todas as criaturas, porque a divina bondade é em si perfeita, ainda que não existisse nenhuma criatura, pois Ele não carece de nossos bens, como se diz no Sl 15,2. A divina bondade não é, pois, tal fim que se produz a partir das coisas que são para o fim, mas antes aquilo pelo qual são produzidas e aperfeiçoadas aquelas coisas que se ordenam a Ele. Por isso diz Avicena[32] que só o ato de Deus é puramente livre, porque o que quer ou o que faz para

---

32. AVICENA, *Metaphysica*, VI, c. 5 (Venetiis, 1508, fol. 95 ra).

as criaturas nada Lhe acrescentam. Logo, evidencia-se pelo dito que o que Deus quer em si mesmo quer por necessidade, mas o que quer relativo às criaturas não quer por necessidade.

Respostas aos argumentos

1. Respondo, portanto, dizendo que algo se diz necessário de dois modos: primeiro, de modo absoluto; segundo, por suposição. Diz-se, pois, absoluto, de algo necessário por causa da necessária relação entre si dos termos postos em alguma proposição como: "o homem é animal", ou "o todo é maior que sua parte", ou algo semelhante. Necessário por suposição é o que não é necessário por si, mas só se suposta outra coisa como: "Sócrates correu", pois Sócrates, enquanto é por si, não tende mais a isso que o seu oposto, mas feita a suposição de que correu, é impossível que não tenha corrido. Assim, pois, digo que Deus quer algo nas criaturas, como que Pedro seja salvo, não é necessário absoluto, porque a vontade divina não tem uma ordem necessária para isso, como foi dito no corpo do artigo. Mas suposto que Deus quer ou quis aquilo, é impossível que não quisesse ou que não o queira, porque sua vontade é imutável. Por isso, tal necessidade é chamada, segundo os teólogos,[33] de necessidade de imutabilidade. Contudo, que não seja necessário de modo absoluto que Deus queira, isso é por parte do querido que se afasta da perfeita proporção ao fim, como foi dito. E quanto a isso se verifica a resposta primeiramente posta no corpo do artigo. E, pelo mesmo modo, deve-se distinguir do eterno como do necessário.

2. Respondo, dizendo que aquela relação ocasionada é necessária e eterna por suposição, não, porém, absolutamente,

---

33. Cfr. BOAVENTURA, *Super Sent.* I, d. 6, a. unic., 1. 1, e *Super Sent.* II, d. 25, p. 11, a. unic., q. 2.

e não só segundo o que é determinada a querer, enquanto está exemplarmente na razão do querer, mas enquanto está temporalmente na própria natureza.

3. Por isso, concedemos o terceiro.

4. Respondo, dizendo que Deus queira ou quisesse algo depois de querer ou ter querido é necessário por suposição, não, porém, absolutamente, como também que Sócrates tenha corrido depois de ter corrido e, de modo semelhante, deve-se dizer da criação e de qualquer ato da vontade divina, que termina em algo exterior.

5. Por isso, concedemos o quinto.

6. Respondo, dizendo que, mesmo que o próprio ser divino seja necessário em si, as criaturas não saem de Deus por necessidade, mas por livre vontade. Por isso, as coisas que implicam comparação com Deus, pela produção das criaturas no ser, como querer, criar e coisas semelhantes, não são necessárias absolutamente, como são as coisas que se dizem de Deus segundo Ele mesmo, como ser bom, vivente, sábio, e outras semelhantes.

7. Respondo, dizendo que ser não é um ato que seja uma operação que passa para algo externo, que se produz temporalmente, mas é ato primeiro. Querer, porém, é ato segundo, que é operação. E, por isso, por diverso modo de significar, algo é atribuído ao ser divino que não é atribuído ao querer divino.

8. Respondo, dizendo que a sucessão não é implicada, se dissermos que Deus pode querer algo e não querer, exceto se for entendido deste modo que, suposto o próprio querer algo, fosse posto depois o próprio não querer algo. Ora, exclui-se isso pelo que propomos, Deus querer algo ser necessário por suposição.

9. Respondo, dizendo que Deus ter querido o que quis é necessário por suposição, não, porém, absolutamente. E, de modo semelhante, Deus querer aquilo que quer.

10. Respondo, dizendo que, ainda que Deus queira ser Ele por necessidade, não se segue que queira outras coisas por necessidade, pois não se diz que algo é necessário por condição de fim, exceto quando é tal, que sem ele não possa ter fim, como é claro no livro V da *Metafísica*.[34] Contudo, isso não ocorre aqui.

11. Respondo, dizendo que, nos silogismos, se o princípio for necessário, não se seguirá uma conclusão necessária, a não ser que seja necessária a relação do princípio com a conclusão. E, assim, por mais que o fim seja necessário, se o que tende ao fim não tem necessária disposição para o mesmo, de modo que sem ele o fim não possa ser, não haverá nenhuma necessidade no fim naquilo que é para o fim. De modo que, ainda que os princípios possam ser verdadeiros e a conclusão falsa, por defeito da relação necessária, não se segue da necessidade dos princípios a necessidade da conclusão.

12. Respondo, dizendo que qualquer um pode querer e não querer; se puder querer depois de ter querido e não querer depois de ter querido, pode começar a querer. Se, pois, quiser, pode deixar de querer e, de novo, começar a querer. Se, porém, não quiser, pode imediatamente começar a querer. Contudo, assim, Deus não pode querer e não querer, por causa da imutabilidade de sua vontade divina. Ora, pode querer e não querer enquanto

---

34. ARISTÓTELES, *Metaphysica*, V, c. 6, 1015a22.

sua vontade não é obrigada, enquanto é relativa a si, para isso que quer. Por isso, permanece que Deus querer algo é necessário por suposição, não, porém, absolutamente.

13. Respondo, dizendo que a ciência e a onipotência, ainda que se refiram às criaturas, pertencem à própria perfeição da essência divina, na qual nada pode ser, a não ser por si necessário. Diz-se, pois, de acordo com isso, que alguém conhece quando a realidade conhecida está no que conhece. Contudo, diz-se que algo que atua é poderoso, enquanto está em ato completo com relação ao que deve ser feito. Ora, o que está em Deus é necessário que exista n'Ele, e tudo que é ato em Deus é necessário que exista em ato n'Ele. De fato, quando se diz que Deus quer algo, não significa que esse algo exista em Deus, mas que apenas indica uma relação do próprio Deus com a produção daquelas coisas na própria natureza. E, por isso, por essa parte, cessa a condição de necessidade absoluta, como foi dito antes.

14. Respondo, dizendo que essa relação sempre se dá de um só modo, por causa da imutabilidade da vontade divina. Por isso, o argumento não conclui senão por necessidade que se dá por suposição.

15. Respondo, dizendo que a vontade tem uma dupla relação com o querido: primeira, relaciona-se com o querido enquanto é querido; segunda, relaciona-se com que deve ser produzido em ato pela vontade, e essa relação pressupõe a primeira. Com efeito, primeiro entendemos que a vontade quer algo; depois, por isso mesmo que quer algo, entendemos que produza o mesmo na natureza das coisas, se a vontade for eficaz. Portanto, primeiro, com relação à vontade divina ao querido, não é necessário, de modo absoluto, por causa da desproporção do querido ao fim, que é a razão de querer, como foi dito. Por isso, não é necessário, de modo absoluto, que Deus queira aquilo. Mas uma segunda relação é necessária, por causa da eficácia da vontade divina. E, então, dessa se segue a necessidade, se Deus quer algo com vontade de beneplácito, que se faça isso.

16. Respondo, dizendo que, ainda que entre as duas ordens das coisas que a objeção trata não caia qualquer causa contingente média, porém, por causa do defeito de proporção da primeira ordem, não introduz a necessidade de segunda ordem, como é claro pelo dito.

Resposta ao contrário

Contudo, o que foi exposto como contrário sobre a liberdade da vontade já foi solucionado, porque a necessidade de ordem natural não repugna a liberdade, mas só a necessidade de coação. Os outros argumentos, porém, concedemos como verdadeiros.

Artigo 5
Quinto, pergunta-se se a vontade divina impõe necessidade às coisas queridas[35]

E parece que sim.

---
35. Outros lugares: *Quodl.* XI, q. 3; *Quodl.* XII, q. 3, ad 1; *CG.* I, cap. 85, e II, caps. 29 e 30; *STh.* I, q. 19, a. 8 ; *In I Periherm.* lect. 14; *De malo*, q. 16, a. 7, ad 15.

Argumentos

1. Com efeito, posta uma causa suficiente, é necessário que seja posto o efeito, como assim prova Avicena na sua *Metafísica*.[36] Com efeito, se for posta a causa, não será necessário colocar o efeito. Logo, ainda assim, depois de colocar a causa, o efeito se encontra em duas coisas, a saber, para ser ou não ser. Ora, o que está em potência para dois não está determinado a um deles, a não ser que algo o determine. Logo, após colocar a causa, ainda assim é necessário pôr algo que faça o efeito ser. E, assim, aquela causa não era suficiente. Desse modo, é necessário que, uma vez posta a causa, é necessário que se ponha o efeito. Ora, a vontade divina é causa suficiente, e não é causa contingente, mas necessária. Logo, também as coisas queridas por Deus são necessárias.

2. Mas se poderia dizer que a partir da causa necessária se segue, às vezes, um efeito contingente em função da contingên-

---
36. AVICENA, *Metaphysica*, I, c. 7 (Venetiis, 1508, fol. 73rb).

cia da causa média, como de uma proposição maior se segue uma conclusão contingente. – Mas, ao contrário, às vezes, pela causa necessária se segue um efeito contingente, por causa da contingência da causa segunda, que provém do defeito da causa segunda, tal como a floração da árvore é contingente e não necessária, por causa do defeito da virtude germinadora que pode ocorrer, que é a causa média, ainda que só o movimento que é causa primeira seja a causa necessária. Ora, a vontade divina pode remover todo defeito da causa segunda e, também, todo impedimento. Logo, a contingência da causa segunda não impede que o efeito seja necessário, por causa da necessidade da vontade divina.

3. Além do mais, quando o efeito é contingente por causa da contingência da causa segunda, ao existir a primeira causa necessária, o não ser do efeito pode estar simultaneamente com o ser da causa primeira, tal como o florescer de uma árvore na primavera pode estar junto com o movimento do Sol. Com efeito, estas duas coisas são incompatíveis, que Deus queira o ser de algo e que algo não seja. Logo, a contingência das causas segundas não impede que as coisas queridas por Deus sejam necessárias, por causa da necessidade da vontade divina.

4. Mas se poderia dizer que, ainda que o não ser do efeito não possa estar com a vontade divina, porque a causa segunda pode falhar, o próprio efeito é contingente. – Mas, ao contrário, o efeito não falha, a não ser que a causa segunda seja deficiente. Ora, não pode ser que a causa segunda falhe existindo a vontade divina, pois, assim, dar-se-iam simultaneamente a vontade divina e o não ser do qual é querido por Deus, o que é claramente falso. Logo, a contingência das causas segundas não impede que o efeito da vontade divina seja necessário.

Ao contrário

1. Todas as coisas boas são feitas pela vontade de Deus. Logo, se a vontade divina impuser necessidade às coisas, todas as coisas boas que existirem no mundo serão por necessidade. E, assim, eliminar-se-ia o livre-arbítrio e todas as outras causas contingentes.

Respondo

Respondo, dizendo que a vontade divina não impõe necessidade a todas as coisas. A razão disso é assinalada por alguns a partir de que, ainda que a vontade seja a primeira causa de todas as coisas, produz alguns efeitos mediantes causas segundas, que são contingentes e podem falhar. E, por isso, o efeito se segue da contingência da causa próxima, não da necessidade da causa primeira. Ora, isso parece que é conforme àqueles que sustentavam que todas as coisas procedem de Deus, segundo a necessidade da natureza, de modo que do uno simples procedia imediatamente um que tem certa multiplicidade e, através dele, procedia a multiplicidade das coisas. De modo semelhante, dizem que do uno completamente imóvel procede algo que é imóvel segundo a substância, porém móvel em outro sentido, segundo a posição que tem, mediante a qual se produz a geração e a corrupção nas coisas inferiores. Segundo isso, não se pode afirmar que a multiplicidade e as realidades corruptíveis e contingentes sejam causadas imediatamente por Deus, o que é sentença contrária à fé, que defende que a multiplicidade das coisas, também das corruptíveis, é causada imediatamente por Deus, como os primeiros indivíduos das árvores e dos animais brutos.

E por isso é necessário assinalar outra razão principal para a contingência das coisas, a qual sirva à causa antes assinalada. Com efeito, é necessário que o paciente seja assemelhado ao agente. E se o agente for fortíssimo, será perfeita a similitude do efeito à causa agente. E se o agente for débil, será uma similitude imperfeita, tal como por causa da força da virtude formativa no sêmen, o filho é assemelhado ao pai, não só na natureza da espécie, mas em muitos acidentes. E o contrário é verdadeiro, por causa da debilidade dessa virtude, é aniquilada essa semelhança, como se diz no livro *Sobre a geração dos animais*.[37] Contudo, a vontade divina é um agente fortíssimo, por isso é necessário que seu efeito seja assimilado em todos os modos, de maneira que Deus não só faça aquilo que quer que seja feito, que é ser assemelhado segundo a espécie, mas que o faça com o modo com o qual Deus quer que seja feito, como necessário ou como contingente, rápido ou lento, que é certa assimilação, segundo os acidentes. E, de fato, a vontade divina determina esse modo às coisas, segundo a ordem de sua sabedoria. No entanto, dispõe que algumas coisas cheguem a ser assim ou assim, adapta suas causas ao modo que dispõe. Esse modo, porém, pode induzir as coisas sem mediação dessas causas. E, assim, não dizemos que alguns dos efeitos divinos são contingentes só por causa da contingência das causas segundas, mas antes por causa da disposição da vontade divina, que providencia tal ordem nas coisas.

Respostas aos argumentos

1. Respondo, portanto, dizendo que aquela razão se segue nas causas agentes com necessidade de natureza, quanto aos efeitos imediatos, mas nas causas voluntárias não se segue, porque da vontade se segue algo do modo que a vontade dispõe e não do modo que a vontade é, como ocorre nas causas naturais, nas quais se considera a assimilação, quanto à mesma condição de causa e causado. Ora, nas causas voluntárias se considera a assimilação na medida em que a vontade do agente se cumpre no

---
37. ARISTÓTELES, *De generatione animalium*. I, c. 4, 767a36 ss.

efeito, como foi dito no corpo do artigo. Nem também se segue nas causas naturais, quanto aos efeitos mediatos.

2. Respondo, dizendo que, ainda que Deus possa remover todo impedimento da causa segunda quando quiser, porém nem sempre quer removê-lo. E, assim, permanece a contingência na causa segunda e, por consequência, no efeito.

3. Respondo, dizendo que, ainda que o não ser do efeito da divina vontade não possa estar simultaneamente junto com a vontade divina, porém o poder de cessar o efeito está simultaneamente junto com a vontade divina, pois estas coisas não são incompatíveis, ou seja, que Deus queira salvar a este, e que este possa ser condenado. Mas estas são incompatíveis, a saber, que Deus queira que este se salve e que este seja condenado.

4. Deve-se responder também, de modo semelhante, para o quarto em relação ao efeito das causas médias.

Artigo 6
Sexto, pergunta-se
se a justiça nas coisas criadas
depende apenas da vontade divina[38]

E parece que sim.

---

38. Não há lugares paralelos.

Argumentos

1. Com efeito, diz Anselmo no *Monológio*:[39] *só é justo o que quer*. Logo, a justiça depende só da vontade divina.

2. Além do mais, segundo isto, algo é justo porque concorda com a lei. Ora, a lei não parece ser algo distinto da explicação dos princípios da vontade, porque o que agrada ao princípio tem força de lei, como diz o Legislador.[40] Portanto, como o princípio de todas as coisas é a vontade divina, parece que dela mesma só depende toda razão de justiça.

3. Além do mais, a justiça política, que está nas coisas humanas, é exemplificada pela justiça natural, que consiste nisso que qualquer coisa cumpra sua natureza. Ora, cada coisa participa da ordem da sua natureza, por causa da vontade divina, pois

---
39. ANSELMO, *Monologion*, Rectius Proslog. cap. 11: PL 158, 233D.
40. JUSTINIANO, *Institutas* I, Tit. 2, lege 6 (ed. Krueger, p. 1) e *Digesta* I, tit, lege 1 (Ed. Mommsen, p. 7).

diz Hilário no livro *Sobre o Símbolo*[41] que *a vontade de Deus leva a essência a todas as criaturas.* Logo, toda justiça depende apenas da vontade de Deus.

4. Além do mais, a justiça, por ser certa retidão, depende, por imitação, de alguma regra. Ora, a regra de um efeito é sua causa devida. Portanto, como a principal causa de todas as coisas é a vontade divina, parece que ela mesma é a primeira regra, a partir da qual cada coisa é julgada justa.

5. Além do mais, a vontade de Deus não pode ser senão justa. Logo, se a razão de justiça dependesse de outra coisa distinta da vontade divina, isso restringiria e, em certo modo, ataria à vontade divina, o que é impossível.

6. Além do mais, toda vontade que é justa, por alguma outra razão do que ela mesma, é tal que sua razão deve ser buscada. Ora, não se deve buscar a causa da vontade de Deus, como diz Agostinho no livro LXXXIII *Questões.*[42] Logo, a razão de justiça não depende de nada distinto, a não ser da vontade divina.

Ao contrário

1. As obras da justiça se distinguem das obras de misericórdias. Ora, as obras da divina misericórdia dependem de Sua vontade. Logo, à razão de justiça se exige algo distinto do que só a vontade de Deus.

2. Além do mais, segundo Anselmo no livro *Sobre a Verdade,*[43] a justiça é a retidão da vontade. Ora, a retidão da vontade

---

41. HILÁRIO, *De Synodis*, n. 23: PL 10, 520 C.
42. AGOSTINHO, *Quaestionum*, 28: PL 10, 18.1
43. ANSELMO, *De veritate*, cap. 12: PL 158, 481 B.

é outra coisa do que a vontade. Em nós, de fato, dá-se segundo a coisa, pois a nossa vontade pode ser reta e não reta. Contudo, em Deus, ao menos, dá-se segundo a razão ou segundo o modo de entender. Logo, a razão de justiça não depende só da vontade divina.

Respondo

Respondo, dizendo que como a justiça é certa retidão, como diz Anselmo,[44] ou uma adequação segundo o Filósofo,[45] é necessário que a razão de justiça dependa, primeiro, daquilo no qual se encontra primeiro a razão de regra; segundo, do que se constituem nas coisas a igualdade e a retidão da justiça.

Ora, a vontade não tem a razão de primeira regra, mas é uma regra regulada, pois é dirigida pela razão e intelecto, não apenas em nós, mas em Deus, ainda que em nós seja algo distinto segundo a realidade, o intelecto e a vontade. E, por isso, não são o mesmo a vontade e a retidão da vontade, em Deus, porém, são o mesmo segundo a realidade o intelecto e a vontade. E, por causa disso, são o mesmo a retidão da vontade e a própria vontade.

E, por isso, o primeiro, a partir do qual depende a razão de toda justiça é a sabedoria do divino intelecto, que constitui as coisas na devida proporção, não só entre si, mas com sua causa, em cuja proporção consiste, de fato, a razão da justiça criada. No entanto, dizer que a justiça depende só da vontade é dizer que a vontade divina não procede segundo a ordem da sabedoria, o que é blasfemo.

Respostas aos argumentos

1. Respondo, portanto, dizendo que nada pode ser justo a não ser o querido por Deus. Ora, o que é querido por Deus tem a primeira causa de justiça por ordem da sabedoria divina.

---

44. ANSELMO, *Monologion*, Rectius Proslog. cap. 11: PL 158, 233D.
45. ARISTÓTELES, *Ethica Nicomachea*, V, c. 4, 1131a9 ss.

2. Respondo, dizendo que a vontade de princípio, ainda que tenha a força de lei ao coagir, por isso mesmo que é a vontade, porém, não tem a razão de justiça, a não ser que seja por isso utilizada pela razão.

3. Respondo, dizendo que Deus opera nas coisas naturais de dois modos: primeiro, instituindo as próprias naturezas; segundo, provendo cada coisa que compete a sua natureza. E porque a razão de justiça requer o devido, como instituir as mesmas criaturas não é devido de algum modo, mas voluntário, por isso a primeira operação não tem razão de justiça, mas depende simplesmente da vontade divina, a não ser, talvez, se disser que tem razão de justiça por causa da ordem da própria coisa feita com relação à vontade, pois é devido que chegue a ser tudo aquilo que Deus quer, por isso mesmo que Deus o quer. Ora, para cumprir essa ordem, a sabedoria dirige como regra primeira. Ora, na segunda operação se encontra a razão do devido não por parte do agente, porque Deus não é devedor de nada, mas por parte do que recebe. De fato, o devido para cada coisa natural é que tenha aquilo que exige sua natureza, tanto nas coisas essenciais como nas acidentais. Contudo, esse devido depende da sabedoria divina, a saber, enquanto a coisa natural deve ser tal que imite a própria ideia que está na mente divina. E por esse modo se descubra que a própria sabedoria divina é a primeira regra da justiça natural. No entanto, em todas as operações divinas, nas quais Deus proporciona algo à criatura que está acima do devido à sua natureza, como nos dons da graça, encontra-se o mesmo modo de justiça que é assinalado na primeira operação, na qual instituiu as naturezas.

4. Respondo, dizendo que a vontade divina, segundo o modo de entender, pressupõe a sabedoria que primeiramente tem a razão de regra.

5. Respondo, dizendo que, como em Deus o intelecto e a vontade não diferem segundo a realidade, a vontade, que por isso é dirigida pelo intelecto, é limitada a algo e não é restringida por nenhuma outra coisa, mas é movida segundo sua natureza, sendo natural àquela vontade para que sempre atue segundo a ordem da natureza.

6. Respondo, dizendo que a vontade divina, por parte do que quer, não pode ser alguma causa que existe como razão do querer ser distinta da própria vontade, porque a vontade, a sabedoria e a bondade são o mesmo em Deus, segundo a realidade. Ora, por parte do querido, a vontade divina tem alguma razão, a saber, que é a razão do querido, não do que quer, na medida em que o mesmo querido é ordenado pelo devido ou pela congruência para algo. E essa ordem também pertence à sabedoria divina, por isso, ela é a primeira raiz da justiça.

ARTIGO 7
SÉTIMO, PERGUNTA-SE SE SOMOS OBRIGADOS A CONFORMAR NOSSA VONTADE COM A VONTADE DIVINA[46]

E parece que não.

---
46. Outros lugares: *In I Sent.* d. 48, a. 1-3; *STh.* I-II, q. 19, a. 9.

Argumentos

1. Com efeito, ninguém está obrigado ao impossível. Ora, é impossível a nós conformar nossa vontade com a divina, porque a vontade divina nos é desconhecida. Logo, não estamos obrigados a essa conformidade.

2. Além do mais, quem não faz o que é obrigado peca. Portanto, se formos obrigados a conformar nossa vontade com a vontade divina, se não nos conformamos com ela, pecaremos. Ora, o que peca mortalmente, nisso que peca, não conforma sua vontade com a divina. Portanto, por isso mesmo peca. Ora, peca com outro pecado especial, enquanto rouba ou fornica. Logo, o que peca comete dois pecados, o que parece ser absurdo.

3. Mas se poderia dizer que o preceito de conformidade de nossa vontade com a divina, por ser afirmativo, ainda que obrigue sempre, porém, não obriga continuamente. E, assim, não é necessário que peque, se em algum momento não se conforma. – Mas, ao contrário, ainda que alguém, não guardando o preceito afirmativo, não peque em qualquer instante no qual não o guarda, peca, porém, quando faz o contrário; assim como peca quando desonra os pais, ainda que nem sempre peque quando não os honra em ato. Ora, aquele que peca mortalmente faz o contrário de tal conformidade. Logo, por isso mesmo peca.

4. Além do mais, o que não cumpre aquilo ao que está obrigado é transgressor. Ora, aquele que peca venialmente não conforma sua vontade com a vontade divina. Logo, se está obrigado a conformá-la, será um transgressor. E, assim, pecará mortalmente.

5. Mas se poderia dizer que não está obrigado a conformar sua vontade naquele instante no qual peca venialmente, porque os preceitos afirmativos não obrigam sempre. – Mas, ao contrário, aquele que não guarda o preceito afirmativo, no lugar e no tempo no qual obriga, é julgado transgressor. Ora, o tempo para conformar nossa vontade com a vontade divina não parece poder determinar algo distinto, a não ser a isso que a vontade executa em ato. Portanto, quando a vontade está em ato, se não é conformado à vontade divina, parece que há pecado. E, assim, quando alguém peca venialmente, parece que há pecado mortal.

6. Além do mais, ninguém está obrigado ao impossível. Ora, os obstinados não podem conformar sua vontade com a vontade de Deus. Logo, não estão obrigados a essa conformidade. E, assim, nem os outros; caso contrário, os obstinados teriam vantagem por sua obstinação.

7. Além do mais, como tudo o que Deus quer o quer pela caridade, Ele mesmo é caridade. Se estivermos obrigados a conformar nossa vontade com a divina, estaremos obrigados a ter caridade. Ora, quem não tem caridade não a pode conseguir, se não se preparar para ela com diligência. Portanto, não tendo caridade, está obrigado a se preparar continuamente para ter caridade. E, assim, em qualquer instante no qual não tem caridade peca, porque provém do defeito da preparação.

8. Além do mais, como a forma do ato consiste principalmente no modo de agir, se estivermos obrigados à conformidade com a vontade divina, será necessário que queiramos algo do mesmo modo com o qual Deus o quer. Contudo, alguém pode imitar o modo da vontade divina ou por amor natural ou por amor gratuito. No entanto, a conformidade da qual falamos não pode ser expressada segundo a dileção natural, porque desse modo conformam sua vontade com a divina também os infiéis e os pecadores, enquanto neles vigora o amor natural do bem. De modo semelhante, não pode ser expressado quanto à dileção gratuita que é a caridade, pois assim estaremos obrigados a querer o que queremos por caridade, o que é contra a opinião de muitos,[47] que dizem que o modo não implica preceito. Logo, parece que não estamos obrigados a nos conformar com a vontade divina.

9. Além do mais, quanto mais algo dista entre Deus e o homem, tanto mais a vontade de Deus da vontade do homem, como se diz na Glosa[48] sobre o Salmo 102,1: *aos justos convém louvor.*[49] Ora, Deus tanto dista do homem, que o homem não

---

47. Cfr. ALBERTO, *Super Sententiarum*, III, d. 36, a. 6; BOAVENTURA, *Super Sententiarum*, III, d. 37, a. 1, q. 2 e o próprio TOMÁS DE AQUINO, *In III Sententiarum*, d. 36, a. 6.
48. Glosa de PEDRO LOMBARDO, *Super Ps.* XXXII, 1: PL 191, 325 D.
49. Em vez de utilizarmos aqui a tradução da *Bíblia de Jerusalém,* por conveniência ao comentário de Tomás, optamos por fazer uma tradução literal.

pode se conformar a Ele. Ora, como o homem dista infinitamente de Deus, não pode haver nenhuma proporção entre ele e Deus. Logo, nem a vontade do homem pode ser conformada com a vontade divina.

10. Além do mais, diz-se que são conformes aquelas coisas que convêm em certa forma única. Logo, se nossa vontade puder ser conformada com a divina, será necessário que seja em alguma única forma, na qual a vontade convenha com a outra. E, assim, seria mais simples do que a vontade divina, o que é impossível.

11. Além do mais, a conformidade é uma relação de equiparação. Ora, em tais relações, um dos extremos é referido a outro na mesma relação, assim como se diz que o amigo é amigo para o amigo, e o irmão é irmão para o irmão. Portanto, se nossa vontade puder ser conformada com a divina, de modo que assim estejamos obrigados a essa conformidade, também a vontade divina poderia ser conformada com a nossa, o que parece inconveniente.

12. Além do mais, caem no preceito e estamos obrigados a fazer aquelas coisas que podemos fazer e não fazer. Ora, não podemos fazer com que conformemos nossa vontade com a divina, porque, como diz Anselmo,[50] assim como o que está abaixo de um corpo esférico, quanto mais se afasta de uma parte da circunferência, tanto mais se aproxima de outra parte; assim, por uma parte se separa da vontade de Deus, por outra parte cumpre a vontade divina. Logo, não estamos obrigados a essa conformidade, como estamos obrigados àquelas coisas que caem sob o preceito.

---

50. ANSELMO, *Cur Deus homo*, I, c. 15: PL 158, 380 C.

Ao contrário

1. Sobre esta passagem do Sl 102,1: *aos justos convém louvor*, a Glosa[51] diz: *que os justos são os que dirigem seu coração segundo a vontade de Deus*. Ora, qualquer um está obrigado a ser justo. Logo, qualquer um está obrigado a essa conformidade.

2. Além do mais, cada um deve se conformar à sua regra. Ora, a vontade divina é a regra de nossa vontade, porque em Deus se encontra primeiro a retidão da vontade. Logo, a nossa vontade deve se conformar com a vontade divina.

Respondo

Respondo, dizendo que qualquer um está obrigado a conformar sua vontade com a divina. A razão disso pode ser tomada porque em qualquer gênero há um primeiro que é medida de todas as coisas que está nesse gênero, no qual se encontra a natureza do gênero de modo perfeitíssimo; como a natureza da cor na brancura, que se diz que é medida de todas as coisas, porque cada cor se conhece enquanto participa da natureza do gênero, por aproximação à brancura, ou afastamento da mesma, como se diz no livro X da *Metafísica*.[52] E, por esse mesmo modo, Deus é a medida de todos os entes, como se pode encontrar nas palavras do Comentador.[53] Com efeito, tanto cada coisa tem de ser, quanto se aproxima d'Ele por similitude, porém, na medida em que tem de dessemelhante, aproxima-se do não ser. E, assim, é necessário dizer de todas as coisas que se encontram tanto em Deus como nas criaturas. Por isso, também seu intelecto é medida de todo conhecimento, e também sua bondade a medida

---

51. Glosa de PEDRO LOMBARDO, *Super Ps.* XXXII, 1: PL 191, 325 D.
52. ARISTÓTELES, *Metaphysica*, X, c. 3, 1053b28.
53. AVERRÓIS, *Metaphysica*, X, comm. 7 (Venetiis: Apud iunctas, 1562, fol. 257 A).

de toda bondade, e por falar mais especialmente, a sua boa vontade, de toda boa vontade. Portanto, toda boa vontade o é porque se conforma com a vontade divina. Por isso, como qualquer um está obrigado a ter boa vontade, está obrigado a ter a vontade conforme a vontade divina.

Mas, deve-se saber que essa conformidade pode ser considerada de muitos modos. Com efeito, falamos aqui da vontade que é ato, pois a conformidade de nossa vontade com Deus é segundo a potência natural da vontade, que pertence à imagem. Por isso, não cai sob preceito. Ora, o ato da vontade divina não tem só isso, a saber, de ser ato da vontade, mas tem simultaneamente isso de ser causa de todas as coisas que existem em ato. Logo, o ato de nossa vontade pode ser conformado com a vontade divina, ou como efeito da causa, ou como vontade à vontade. Contudo, a conformidade do efeito com a causa é encontrada de outro modo nas coisas naturais do que nas causas voluntárias. Com efeito, nas coisas naturais se considera a conformidade segundo a similitude da natureza, como quando o homem gera o homem, e o fogo gera o fogo. Mas, nas coisas voluntárias, diz-se que o efeito é conformado com a causa, porque no efeito está contida sua causa, como a coisa artificial é assimilada por sua causa, não porque seja de sua mesma natureza, como na arte que está na mente do artífice, mas porque a forma da arte está contida na coisa artificial. E, de modo semelhante, conforma-se seu efeito com a vontade, quando faz isso que a sua vontade dispõe. E, assim, o ato da nossa vontade se conforma com a vontade divina, porque queremos aquilo que Deus quer que nós queiramos.

Ora, a conformidade da vontade à vontade, segundo o ato, pode ser entendida de dois modos: de um modo, segundo a forma da espécie, como o homem se assemelha ao homem; de outro modo, segundo a forma acrescentada, como sábio se assemelha ao sábio. E digo ser assemelhado segundo a espécie, quando se dá a conveniência no objeto, de cujo ato deriva a espécie.

Mas no objeto da vontade, deve-se considerar duas coisas: uma, que é material, a saber, a própria coisa querida; outra, que é formal, a saber, a razão de querer, que é o fim, assim como no objeto da visão a cor é material, mas a luz é formal, porque por ela a cor torna-se visível em ato. E, assim, por parte do objeto se pode encontrar uma dupla conformidade. Uma, por parte do querido, como quando o homem quer algo que Deus quer. E isso é segundo a causa material, pois o objeto é como a matéria do ato. Por isso, a conformidade é mínima entre elas. Outra, por parte da razão do querer, ou por parte do fim, como quando alguém quer algo porque Deus o quer, e essa conformidade é segundo a causa final. Contudo, a forma que se acrescenta ao ato é o modo que se segue, a partir do hábito que o elege. E, assim, diz-se que a nossa vontade é conforme à divina, quando alguém quer algo por caridade, como Deus. E isso é segundo a causa formal.

Respostas aos argumentos

1. Respondo, portanto, dizendo que a vontade de Deus não pode ser conhecida por nós plenamente. Por isso, não podemos conformar nossa vontade com a sua de modo pleno, mas podemos e devemos conformá-la segundo a conhecemos.

2. Respondo, dizendo que com um só ato o homem não comete dois pecados, dado que o ato é a mesma essência do pecado, mas em um ato pode haver duas deformidades de pecado, e isso quando no ato de algum pecado especial se acrescenta alguma circunstância que transfere a ele a deformidade de outro pecado, como quando alguém rouba para gastar com meretrizes, o ato do roubo toma a deformidade da luxúria por causa da circunstância pela qual rouba. Contudo, quando se encontra algo que pertence à deformidade em ato de algum pecado que está para além da especial deformidade desse pecado, que, de fato, está em todo pecado comum, por isso não cresce o pecado, nem cresce a deformidade do pecado, porque as coisas que se encontram comumente em todos os pecados são como princípios essenciais do pecado, enquanto é pecado, e são incluídos na deformidade de qualquer pecado especial como princípios de gênero, em razão da espécie. E, por isso, não se acrescentam numericamente com relação à deformidade especial do pecado, como, por exemplo, o afastar-se de Deus, não obedecer à lei divina, e coisas semelhantes, entre as quais deve ser considerada a falta de conformidade da qual falamos. Por isso, não é necessário que tal defeito gere o pecado ou a deformidade do pecado.

3. Respondo, dizendo que, ainda que quem peque seja contrário à conformidade, por isso mesmo peca, porém, trata-se de qualquer coisa geral que não se soma ao que é especial.

4. Respondo, dizendo que aquele que peca venialmente, ainda que não conforme em ato sua vontade com a divina, conforma-a, porém, em hábito; não está obrigado de modo que sempre esteja em ato, mas em um lugar e tempo determinados, porém, está obrigado a que nunca faça o contrário. Contudo, o que peca venialmente não atua contra a conformidade dita, mas fora dela. Por isso, não se segue que peque mortalmente.

5. Respondo, dizendo que o preceito da conformidade da vontade não obriga todo tempo que nossa vontade passe ao ato, mas quando alguém está obrigado a pensar sobre o estado de sua saúde espiritual, como quando ao receber os sacramentos, ou fazer algo desse modo.

6. Respondo, dizendo que alguém se diz obstinado de dois modos. De um modo, absolutamente, quando tem a vontade aderida ao mal de modo irreversível. Assim são obstinados aqueles que estão no inferno, não, porém, aquele que está nesta vida. Contudo, aqueles que estão no inferno, ainda assim, estão obrigados à conformidade da qual falamos, à qual, ainda que não possam chegar eles mesmos, porém, manifestam para si a causa de sua impotência. Por isso, ao não se conformarem, pecam, ainda que, talvez, não desmereçam, porque não estão na vida presente. De outro modo, alguém se diz obstinado relativamente, não, de fato, completamente irreversível, mas por dificuldade. Por esse modo se diz que alguém é obstinado nesta vida. E tais podem conformar sua vontade com a divina. Por isso, não só pecam não a conformando, mas também desmerecem.

7. Respondo, dizendo que qualquer um está obrigado, quanto ao que está nele, a ter caridade. E se não o fizer, peca com pecado de omissão. Contudo, não é necessário que em qualquer instante que não faça peque, mas só quando estiver obrigado a fazê-lo, quando a necessidade lhe obriga a fazer algo que sem caridade não pode ser feito, como receber os sacramentos.

8. Respondo, dizendo que estar obrigado a algo se diz de dois modos. De um modo, se não fazemos algo, pois incorremos em pena, que é próprio de estar obrigado a algo. E, assim, segundo a opinião da maioria, não estamos obrigados a fazer algo por caridade, mas a fazer algo por dileção natural, sem a qual tudo o que se faz, sem essa coisa mínima, faz-se mal. E digo dileção natural não só aquela que está posta em nós de modo natural e que é comum a todos, como que todos apetecem a felicidade, mas aquela à qual alguém pode chegar, por princípios naturais, que se encontra nas coisas boas por seu gênero e, também, nas virtudes políticas. De outro modo, dizemos estar obrigados a algo, porque sem isso não podemos conseguir o fim da felicidade. E, assim, estamos obrigados a fazer qualquer coisa por caridade, sem a qual nada pode ser meritório para a vida eterna. E, assim, fica claro de que modo a caridade, sobre certo modo, cai sob preceito e sobre outro modo não.

9. Respondo, dizendo que o homem se conforma a Deus, porque é criado à imagem e semelhança de Deus. Contudo, ainda que por causa disso, a saber, que diste infinitamente de Deus, não possa haver proporção entre ele e Deus; na medida em que propriamente a proporção se encontra nas quantidades, e compreende certa medida das duas quantidades que se comparam entre si; enquanto o nome "proporção" passa a significar qualquer relação de uma coisa a outra coisa, como quando dizemos que há semelhança de proporção, como a que tem o príncipe em relação à cidade, assim como o comandante em relação a um navio, nada impede dizer que há alguma proporção do homem com Deus, já que se encontra alguma relação com Ele, enquanto é feito por Ele e está sujeito a Ele. Ou se pode dizer que do finito ao infinito, ainda que não possa haver proporção propriamente dita, pode haver proporcionalidade, que é similitude de duas proporções, pois dizemos que quatro é proporcional a dois, porque é o seu dobro; e que seis, porém, também é proporcional a quatro, porque assim como seis está para três, assim quatro está para dois. De modo semelhante, o finito e o infinito, ainda que não possam ser proporcionados, podem, porém, ser proporcionáveis, porque assim como o infinito é igual ao infinito, assim se dá o finito com o finito. E, por esse modo, há similitude entre as criaturas e Deus, porque assim como Deus se relaciona com aquelas coisas que Lhe competem, assim as criaturas se relacionam com as suas próprias coisas.

10. Respondo, dizendo que a criatura não se diz conformar-se a Deus como participante da mesma forma que a criatura participa, mas porque Deus é substancialmente sua forma, da qual a criatura participa por certa imitação, assim como se o fogo fosse similar ao calor existente por si separado.

11. Respondo, dizendo que a similitude e a conformidade, ainda que sejam relações de comparação, porém, nem sempre denominam qualquer dos dois extremos com relação a outro, mas só quanto à forma, na medida em que se considera a semelhança ou a conformidade, que existe pela mesma razão em qualquer dos dois extremos, como o branco em dois homens, por isso que se pode dizer de modo conveniente que um deles tem a forma do outro, o que é significado quando se diz que algo é semelhante a outro. Ora, quando a forma existe em um principalmente, e em outro existe de modo secundário, não se pode conceber a reciprocidade da semelhança, como dizemos que a estátua de Hércules é semelhante a Hércules, mas não o inverso, pois não se pode dizer que Hércules tenha a forma de estátua, mas só que a estátua tem a forma de Hércules. E, por esse modo, as criaturas se dizem que são semelhantes e conformes a Deus, não, porém, o inverso. Ora, a conformação, por ser movimento para a conformidade, não implica relação de igualdade, mas pressupõe algo para cuja conformidade é movido a outro. Por isso, as coisas posteriores são conformadas às anteriores, mas não o inverso.

12. Respondo, dizendo que as palavras de Anselmo devem ser entendidas não no sentido de que o homem sempre faça a vontade de Deus, enquanto está nele mesmo, mas porque a vontade divina sempre se cumpre nele, tanto se Ele quiser, quanto se não quiser.

Artigo 8
Oitavo, pergunta-se se somos obrigados a conformar nossa vontade com a vontade divina no querido, a saber, de modo que sejamos obrigados a querer aquilo que sabemos que Deus quer[54]

E parece que não.

---
54. Outros lugares: *In I Sent.* d. 48, a. 2-4 ; *STh.* I-II, q. 19, a. 10.

Argumentos

1. Com efeito, Paulo desejava desaparecer e estar com Cristo, como se diz em Fl 1,23. Ora, Deus não queria isso, por isso, ali mais abaixo dizia assim: *sei que ficarei e continuarei com todos vós*.[55] Portanto, se formos obrigados a querer isso que Deus quer, Paulo, ao desejar desaparecer e estar com Cristo, pecaria, o que é absurdo.

2. Além do mais, o que Deus sabe Ele pode revelar a outro. Contudo, Deus sabe que alguém vai ser reprovado. Portanto, pode revelar a sua reprovação. Logo, caso se estabeleça revelar a alguém, segue-se que esse é obrigado a querer sua condenação, se estamos obrigados a querer o que sabemos que Deus quer. Ora, querer sua condenação é contrário à caridade pela qual qualquer um quer a si mesmo para a vida eterna. Logo, estaria obrigado a querer algo contra a caridade, o que é inconveniente.

---

55. Fl 1,25.

3. Além do mais, somos obrigados a obedecer ao prelado como a Deus, porque lhe obedecemos como um súdito de Deus. Ora, o súdito não está obrigado a fazer ou a querer tudo o que sabe que o prelado quer, ainda que saiba que o prelado queira que ele mesmo o faça, a não ser que o ordene expressamente. Portanto, não estamos obrigados a querer o que Deus sabe, ou o que Deus quer que nós queiramos.

4. Além do mais, qualquer coisa que seja louvável e honesta se encontra de modo perfeitíssimo e sem nenhuma confusão em Cristo. Ora, Cristo quis com alguma vontade o contrário que sabia que Deus queria, pois quis com certa vontade não padecer, como mostra a oração que rezou em Mt 26, 39: *meu Pai, se é possível, que passe de mim esse cálice*; ainda que Deus quisesse que ele padecesse. Logo, querer aquilo que Deus quer não é louvável e não estamos obrigados a isso.

5. Além do mais, Agostinho diz no livro da *Cidade de Deus*:[56] *a tristeza se produz nessas coisas que chegam sem que nós a queiramos*. Ora, a bem-aventurada Virgem Maria sentiu a dor sobre a morte do Filho, como indicam as palavras de Simeão em Lc 2,35: *uma espada transpassará tua alma*. Logo, a bem-aventurada Virgem não queria o padecer de Cristo, ainda que Deus o tenha querido. Logo, se somos obrigados a querer o que Deus quer, a bem-aventurada Virgem pecou nisso, o que é inconveniente. E, assim, parece que não somos obrigados a conformar nossa vontade com a vontade divina no objeto querido.

---

56. AGOSTINHO, *De civitade Dei*, XIV, c. 15: PL 41, 424.

Ao contrário

1. Sobre o Sl 100,4: *longe de mim o coração pervertido*, diz a Glosa[57]: *tem o coração torcido o que não quer o que Deus quer.* Ora, qualquer um está obrigado a evitar a perversão do coração. Logo, qualquer um está obrigado a querer o que Deus quer.

2. Além do mais, segundo Cícero[58], a amizade é querer o mesmo e não querer o mesmo. Ora, qualquer um é obrigado a ter amizade com Deus. Logo, qualquer um é obrigado a querer isso que Deus quer, e não querer o que Ele não quer.

3. Além do mais, devemos conformar nossa vontade com a divina, porque a vontade de Deus é regra de nossa vontade, como diz a Glosa[59] do Sl 31,1: *o louvor é para os retos*. Ora, o objeto divino querido é regra de toda outra coisa querida, porque é o primeiro objeto querido; e o primeiro em qualquer gênero é medida das coisas que existem depois, como se diz no livro X da *Metafísica*.[60] Logo, estamos obrigados a conformar nossa vontade com o objeto divino querido.

4. Além do mais, o pecado consiste principalmente em uma perversão da eleição. Ora, a perversidade da eleição se dá quando é preferido um bem menor em relação a um bem maior. Ora, faz isso o que não quer o que Deus quer, pois consta que o que Deus quer é o melhor. Logo, o que não quer o que Deus quer peca.

---

57. Glosa de PEDRO LOMBARDO: PL 191, 902 D.
58. CÍCERO, *Rectius Sallustius Bellum Catil*, cap. 20.
59. Glosa de PEDRO LOMBARDO: PL 191, 325 D.
60. ARISTÓTELES, *Metaphysica*, X, c. 3, 1053b28.

5. Além do mais, segundo o Filósofo,[61] o virtuoso é a regra e a medida em todos os atos humanos. Ora, Cristo é maximamente virtuoso. Portanto, nós devemos conformar maximamente a Cristo como regra e medida. Ora, Cristo conformava sua vontade com a divina, também nas coisas queridas, o que também fazem todos os santos. Logo, também nós devemos conformar nossa vontade com a divina, quanto à coisa querida.

Respondo

Respondo, dizendo que, quanto ao querido por Deus, devemos, de algum modo, conformar nossa vontade com a divina, mas de outro modo não. Com efeito, conforme o que foi dito no artigo precedente, temos que conformar nossa vontade com a divina, porque a bondade da vontade divina é regra e medida de toda a boa vontade. Contudo, como o bem depende do fim, a vontade se diz boa segundo a ordem à razão do querer, que é do fim.

Ora, a comparação da vontade com o querido, absolutamente, não faz com que o ato da vontade seja bom, porque o próprio objeto querido se relaciona de modo material com a razão do querer, que é o fim reto, pois um e mesmo objeto pode ser querido bem ou mal, segundo ordena-se a diversos fins. E também o contrário, alguém pode querer bem as coisas diversas e contrárias, quando dirige cada uma delas para o fim reto.

Portanto, ainda que a vontade de Deus não possa ser senão boa, e tudo o que quer o quer bem, porém, no mesmo ato da vontade divina, a vontade pode ser considerada por razão do querer, isto é, pelo fim para o que se ordena o que quer, que é sua bondade. E, por isso, absolutamente somos obrigados a

---

61. ARISTÓTELES, *Ethica Nicomachea*, III, c. 10, 1113a32.

conformarmos com a vontade divina no fim, porém, no objeto querido, só na medida em que tal objeto é considerado sob a ordem ao fim. Ordem essa que, de fato, certamente nos deve agradar, ainda que esse mesmo objeto querido, apesar do mérito, possa-nos desagradar sob qualquer outra consideração, na medida em que seja ordenável a um fim contrário. E, então, a vontade humana se encontra conformada com a vontade divina no objeto querido, porque o objeto se relaciona com o fim da vontade divina.

Com efeito, a vontade dos santos, os quais estão em contínua contemplação da bondade divina e por ela regulam todos os seus afetos, na medida em que conhecem plenamente a ordem da vontade divina em relação a tudo o que desejam, conforma-se com a vontade divina em qualquer coisa que queiram. De fato, tudo o que sabem que Deus quer o querem de modo absoluto e sem nenhum movimento contrário. Contudo, os pecadores que estão avessos à bondade da divina vontade, discordam em muitas coisas em relação às coisas que Deus quer, desaprovando-as, e sem assentir a nenhuma razão. Contudo, os justos que vivem nesta vida, cuja vontade adere à bondade divina, ainda que não a contemplem de modo perfeito, para que percebam nela de modo manifesto toda ordem do que se deve querer, conformam-se, de fato, com a vontade divina naquelas coisas das quais percebem a razão, ainda que neles haja algum afeto contrário, porém louvável, devido a alguma ordem considerada neles. Contudo, não seguem de modo obstinado essa afeição, mas a submetem à vontade divina, porque lhes agrada que a ordem da vontade divina se cumpra em todas as coisas, como aquele que quer que seu pai viva por motivos de carinho filial, enquanto Deus quer que morra. Se for justo, submeterá sua própria vontade à divina, para não considerar com impaciência que a vontade divina se cumpra em um sentido contrário à própria vontade.

Respostas aos argumentos

1. Respondo, portanto, dizendo que Paulo desejava desaparecer e estar com Cristo, como algo bom em si mesmo, porém lhe agradava o contrário em ordem ao fruto que Deus queria que sua vida desse, por isso dizia: *mas o permanecer na carne é mais necessário por vossa causa.*

2. Respondo, dizendo que, ainda que pela onipotência absoluta Deus possa revelar a alguém a sua condenação, porém, isso não pode chegar a ser pela onipotência ordenada, porque a revelação lhe coagiria a se desesperar. E se tal revelação chegasse a alguém, deveria ser entendida não segundo o modo de profecia, de predestinação ou de presciência, que é entendida sob a suposta condição de mérito, mas por modo de profecia de ameaça. Ora, dado que teria que entender segundo a profecia de presciência, ainda assim, aquele ao qual lhe chegasse a revelação não seria obrigado a querer a sua condenação de modo absoluto, mas segundo a ordem da justiça pela qual Deus quer condenar os que são persistentes no pecado. Com efeito, Deus não quer por sua parte condenar alguém, mas segundo aquilo que depende de nós, como é claro pelo que foi dito acima.[62] Por isso, querer sua condenação, de modo absoluto, não significa conformar sua vontade com a divina, mas com a vontade de pecado.

3. Respondo, dizendo que a vontade do prelado não é regra de nossa vontade como a vontade divina, mas o seu preceito. E, por isso, não é semelhante.

4. Respondo, dizendo que a paixão de Cristo poderia ser considerada de dois modos: de um modo, por si, enquanto era

---

62. TOMÁS DE AQUINO, *De Veritate*, q. 12, a. 10.

certa aflição do inocente; de outro modo, segundo a ordem do fruto ao qual Deus a ordenava. E, assim, era querida por Deus, não, porém, do primeiro modo. Portanto, a vontade de Cristo, que poderia considerar esta ordem, a saber, a vontade de razão, queria essa paixão assim como Deus; mas a vontade de sensualidade, ao qual não lhe é próprio comparar, mas ser levada a algo de modo absoluto, não queria essa paixão. E nisso se conformava com a vontade divina, de certo modo, no objeto querido, porque nem o próprio Deus queria a paixão de Cristo, em si mesma considerada.

5. Respondo, dizendo que a vontade da bem-aventurada Virgem não estava de acordo com a Paixão de Cristo em si mesma considerada, porém queria o fruto de salvação que se conseguia pela paixão de Cristo. E, assim, conformava-se com a vontade divina quanto a isso que queria.

Resposta ao contrário

1. Respondo, dizendo que, à primeira objeção, deve-se dizer que as palavras da Glosa sobre a vontade divina devem ser entendidas segundo a ordem ao fim, e não absolutamente.

2. Respondo, dizendo que a amizade consiste na concórdia da vontade mais no fim do que na mesma coisa querida. Com efeito, assim será mais amigo o médico que nega o vinho que deseja o que tem febre, pelo comum desejo de saúde, do que se quisesse satisfazer seu desejo de beber vinho com o perigo da saúde.

3. Respondo, dizendo que, assim como foi dito acima no artigo 4 desta questão, o primeiro querido por Deus, que é medida e regra de todas as outras coisas queridas, é o fim de sua vontade, a saber, sua bondade, porém, verdadeiramente, não quer nenhuma outra coisa a não ser por causa desse fim. E, por isso, na medida em que nossa vontade se conforma com a vontade divina no fim, todas as coisas queridas são reguladas ao primeiro objeto querido.

4. Respondo, dizendo que a eleição tem em si também o juízo da razão e o apetite. Logo, se alguém prefere no juízo aquilo que é menos bom, mais do que o bom, será uma perversão de eleição. Contudo, se não prefere ao apetecer, assim, o homem nem sempre é obrigado a seguir as coisas melhores no atuar, a não ser as coisas que sejam obrigadas por preceito, pois, de outro modo, qualquer um seria obrigado a seguir os conselhos de perfeição, que constam ser melhores.

5. Respondo, dizendo que há certas coisas que podemos admirar em Cristo, mas não imitar, assim como aquelas que pertencem à sua divindade e à beatitude que tinha ainda enquanto estava na vida presente; Cristo conformava a vontade de razão com a vontade divina, inclusive nas coisas queridas.

Este livro foi impresso pela Edições Loyola
em fonte Garamond Premier Pro sobre papel Pólen Bold 70 g/m²
para a Edipro no inverno de 2021.